料理人の突破力

石鍋 裕 クイーン・アリス
片岡 護 アルポルト
小室光博 懐石 小室
が語る仕事と生きかた

宇田川 悟

晶文社

装丁　坂川栄治＋坂川朱音（坂川事務所）
写真　天方晴子（p.8・p.82・p.158・p.234）
写真協力　「料理王国」2007年7月号（p.16）、
株式会社柴田書店（p.75）

目次

宇田川 悟

×

「クイーン・アリス」

石鍋 裕

石鍋 裕

Ishinabe Yutaka

1948年、神奈川県横浜市生まれ。早くに母を亡くし、横浜で料亭を経営していた祖父の元で育つ。63年頃から横浜のレストランでシェフとして働き始める。71年、既知のフランス人シェフ、ジャン・ドラヴェーヌを頼って渡仏。その後、数多くの三ツ星店で修業し、76年に帰国。同年、六本木に「ロテュース」を開店し、シェフを務める。82年にオーナーシェフとして「クイーン・アリス」を開店。その後、多数のレストランプロデュースに携わる。

ヤクザに追いかけられた少年時代

宇田川 石鍋さんの祖父は戦前、横浜で料亭を開いていたそうですね。

石鍋 料亭があったことは知ってるんですけど、僕がまだ生まれてなかったものですから。戦争の始まるギリギリくらいまでやっていたそうです。場所は横浜の鶴屋町で、そこに4、5軒、料亭があって、その中の1軒だったんですけど。

宇田川 どういうジャンルの料亭だったんですか。

石鍋 一般人も入れたけれど、僕が聞いたのは軍人が多かったって。昔の横浜の料亭っていうのはどこも似たりよったりだったと思う。料理も和食に中華風のカニ焼売とかステーキが入ってたり。

宇田川 明治維新以後、日本に滞在していた中国人の6割以上が横浜に住んでいた。それが中華街を形成していく。横浜のフランス料理といえば、まず挙げられるのがサリー・ワイル[*1]がシェフだった「ホテルニューグランド」。小さい頃、食べに行ったことはあるの？

石鍋 あります。それでお前、ここで勉強したほうがいいよって言われたりね（笑）。ついでに調理場を見せてもらったんだけど、まだ10代だから将来の自分が見えなかったから。

宇田川　外国人が多い横浜っていう環境は、石鍋さんの性格形成の中で大きな要素になっていると思いますか。

石鍋　ものすごくなってます。今の外人墓地から山手界隈っていうのは異国情緒があった。まったく日本と違う生活してるわけです。きれいなものを着てるし、家の形状も違うし、食べるものとか飲むものも違う。僕が小学校の頃は、日本の家庭でレースのカーテンを吊るしてる家ってほとんどなかったですよ。それに暖炉があったり。そういうのを見るとだいぶ違うんだなって（笑）。

宇田川　その異国情緒を真似して、実家でも洋風な生活をしてたの？　例えばブレックファーストに、紅茶を飲んだりトーストを食べたりとか。

石鍋　そんなことないですよ。ごくごく普通だった。ただ、うちの親父が一種の遊び人で、なんか変な人（笑）。当時、印刷関係の会社をやっていて、でもうまくいかなくて、職がなくなってね。親父の友達に、渋谷で「いんでいら」というカレー屋をやってる人がいて、そこの店でちょっと働いたり。そのあと、お店を何軒か増やしたりしたみたい。

宇田川　いわゆるハイカラなプチ文化人だよね（笑）。

石鍋　ハイカラはハイカラだったけど、金があるのかないのか分からない（笑）。

宇田川　お母さんはタイピストをやっていたとか？

石鍋　すごくシャレた人で、三姉妹で比較的みんな美人だったんだけど、みんなすごく早死になんですよ。母親はペニシリンショックで亡くなった。

宇田川　美人薄命だ。石鍋さんはフランスに修業に行ってから、絵画なんかのコレクションを始めたけど、そうした文化的嗜好とか美的センスはどっちの遺伝子なんだろうか。

石鍋　たぶんおじいちゃんだと思う。料亭をやっていても、料理をうんと好んでやってたわけじゃないし。それより建築だとか美術だとかがものすごく好きな人だった。

宇田川　以前聞いたけど、石鍋さんの悪ガキぶりってちょっと際立ってる（笑）。機転が利いてて、利に聡いとかさ。

石鍋　そんなに悪ガキだと思ってないんですけどね（笑）。ただ、中学2年の頃から自分でなんとかして暮らしていかなきゃいけないとは考えてた。だから、学校に行ってもしょうがないなと。一応学校に籍はあったけど、それよりもアルバイトで、進駐軍の物資を日本のバーとかそういうところに持って行って売っていた。それで、自分1人でやっても埒が明かないから、ちょっと生意気なグループの奴に、お前ちょっとあれやってこいとか命令してね。そのお金で食事に行ったりしていた。考えてみれば、そうやって美味しいものを食べたことが、あとあと役に立ってたりするんですけどね。

宇田川　卸しをやってたんだ（笑）。ガキなりに統率力とか組織力もあったんだろうね。

石鍋　そんなに大したことない。でも、そういうことを大きく始めようと思ってたら、やっぱりヤクザに目をつけられて。

宇田川　組織立ってそういうことを仕事にしようと思ったこともあったんだ？

石鍋　組織立ってやるからって言ってみんなを集めても、ヤクザはやっぱり怖いからやめようって（笑）。

15歳でシェフに

宇田川　イタリアンもフレンチもない頃だけど、稼いだ金でいろいろ食べ歩いたと。

石鍋　それこそ2、3年は、毎週じゃないけど、いっぱいお金使って洋食を食べた。あの当時、横浜で一番美味しいって思ったのは「不二家」なんですよ。いろんなレストランに行ったんですけど、伊勢佐木町にあった「不二家」は良かった。テーブルクロスもきちんと引いてあって、ほんとにいい肉を使っていて、スープも美味しかった。でもガキだから、スープと肉くらいで終わりになっちゃって、あとはせいぜいショートケーキかシュークリームくらい。うちで食べるアップルパイは冷たいやつだから、「不二家」

で熱々のアップルパイを食べてすごく感激したんです。

宇田川　ミートソースなんかも食べていた？

石鍋　いろんなところに行って食べました。それが高じて、昔は名うてのマダムだった横浜のレストランのオーナーに拾われたんです。その頃、僕はヤクザに追いかけられていたんだけど、すごく優しい人で、「調理場が人手不足だから、朝から晩までいればいいよ。ここにいれば安心だから」ってかくまってもらった。その前に飲食店でも働いていたから、一応料理は普通にできたので（笑）。

宇田川　見よう見まねでやってたってわけですね。

石鍋　実際にその店の調理場に入って、アメリカ料理やイタリアンを作ってたんです。ピザもあればステーキもあり、スパゲティ、ラビオリ、カチャトーラ、ミネストローネだとか。それで、僕がマダムの店で働くようになって1カ月くらいで、いきなり上のシェフたちが辞めちゃったわけ。それでポストがガラ空きになって、じゃあ僕がシェフだと……（笑）。15歳くらいで。

宇田川　その歳で一丁前の料理人が誕生したわけだ。

石鍋　その当時は中学を出てからというのが一番多かった。でも僕は、学校そのものに行ってないですから（笑）。悪い仲間が誘いにくるんだけど、だんだん料理も面白いなって思うようになってってね。肉屋に行って、店で使ってる肉と僕が食べた「不二家」の一番美味しいテンダーロインとを比べてみると、店の肉のほうがはるかにまずいんですよ。肉ってみんな同じだと思っていたから、肉屋の親父に、なんでこんなまずい肉を持ってくるんだと言ったら、「おいおい坊や、肉にはランクがあるんだよ」って（笑）。

宇田川　15歳の子どもだから知らなくて当然ですよ。

石鍋　肉屋の親父が肉を少しずつ切って、焼いて食べさせてくれたわけ。あっ、全然違うじゃないって分かったの。じゃあ、これからは僕がシェフだから、買う肉を選ぶからって言っちゃった。「そんなことして大丈夫なのか？　金払ってくれるんだろうな？」って聞くから、大丈夫って（笑）。魚は魚屋に行って、下ろし方教えてもらって、値段も把握して……。そういう現場で教えてもらったことがよかったんです。食べ物って素材がいいと焼くだけで美味しい。僕がシェフだった横浜のお店なんて、朝から米兵たちがステーキ・オン・エッグなんかを食べに来てたり。そういう時代でしたから。そうすると、当然普通の店より肉が美味しいと評判になって、マダムが、こりゃ手放しちゃいけないと思ったみたいでね（笑）。

宇田川　囲い込みをするわけだ（笑）。結局、その店には何年くらい働いてたの？

石鍋　2年くらい。そんなことをしてるうちに、福井県で働いていた料理人が、ちょうど磯子の「横浜プリンスホテル」に手伝いに来ていて、その人が料理上手だったんですよ。今まで見たことないくらい仕事が丁寧。それで就職を頼んだんです。その関係から、同時期に福井の県民会館が完成するっていうんで、そっちにドサ回りで行くことになった。

秋山四郎との出会い

宇田川　10代の石鍋さんに大きな影響を与えたのが、通称「天皇の料理番」秋山徳蔵[*2]の息子の秋山四郎。どんな料理人だったんですか。

石鍋　何が一番すごいかって、海外で勉強してきた情報を全部公開しちゃったことですね。とにかく容姿がすごくいい。映画俳優になってもおかしくないような人（笑）。背も180センチぐらいあって、フランス語もドイツ語も話せる。いろんな知識を持っていて、仕事は圧倒的にできた。あの時代、これは味が濃いとか薄いとか、サヴァイヨ[*3]ンをどうしろこうしろとか、いろいろ注文を付けてたんです。当時サヴァイヨンなんて言葉、誰も知らなかったんだから（笑）。

宇田川　新しい風や流れを運んできたって感じなの？

石鍋　料理にお金かけるのを全然ケチらないから、何でもやらせてくれた。勝手にやっ

68年「キャラバン・サライ」にて。後列中央が石鍋さん。

ちゃったっていうのもあるけど、とにかく最高なものを出さないと最高の人が食べに来ないからと。ソースを作るにしても、フォン（ダシ）っていう考え方を持っていた。デミグラスを作るにしても、牛のすねを焼いたやつを2本も3本もその中に入れる。なんてもったいないことしてるのかって僕らは思ってたわけですよ（笑）。そういうことを平気でやらせてくれた。その当時ヨーロッパで、フォン・ド・ヴォが流行ってるらしいぞと。「お前、ちょっと勉強しろ」って言われたから、朝の6時頃から出ていろいろ工夫したり。子牛の骨と野菜をよく焼いて、トマトと煮出して、そのゼラチン質の、味の澄んだ、なおかつ香ばしい味のフォン・ド・ヴォを作ろうと思って。でも、そんなことをやったら原価と売値とが合わない。まあ、大目に見てくれましたけど。

宇田川　秋山さんとは「キャラバン・サライ」で一緒に働いてたの？

石鍋　ええ、2年ぐらい。ちょうどね、68年か69年から。

宇田川　じゃあもう大阪万博の、ほんとに直前まで。

石鍋　「キャラバン・サライ」ですごくいいポジションを僕は任されていたのに、いきなり「万博行きたいんですけど」って言って（笑）。

大阪万博で商才発揮

宇田川　70年に開催された大阪万博[*4]に行くことになった理由は？

石鍋　だって世界中からいろんな国が集まるから、僕らの知ってる情報が本当かどうか確かめられる。各国のパビリオンではそれぞれの国の料理を作るそうだから、これは絶対に見にいかなきゃいけないっていうことで。

宇田川　半年開催されて来場者が6000万人以上。最初に働いたパビリオンは？

石鍋　最初はイタリア館で、1カ月ぐらい働いたんですけど、実は選考はすでに終わってたんですよ。すでに働く人も決まってて、それこそ僕が採用されたのは開館する4日とか5日前。イタリア館のレストランを運営していたアリタリア航空に直接行って、何とか頼み込んで（笑）。

宇田川　いずれにしても潜り込めたわけだ。なぜフランス館に入らなかったんですか。

石鍋　フランス館のようなビッグネームは、全然入れる余地がない。とりあえずイタリア館に潜り込んで、皿洗いからやってくれって言われた。メンバーはイタリア料理を作ってた人とか、羽田で機内食を作ってる会社から何人か、それとホテルから。他にイタリアの料理学校で教えてるイタリア人の先生たちと、料理屋のオーナーたちが来てた。まかないの食事は2種類あって、将校用と普通の従業員用の食事。それを毎日、こんなにごちそう食べてんのかって思うくらい食べるわけ。それまでの僕らって午前中にかきこんで終わりみたいな感じだったのに、パスタとかスープを食べて、メインもデザートも食べて、さあ仕事だって言う。もう仕事になんねえだろって思うわけですよ（笑）。

宇田川　最近は事情が変わってきてるけど、普通に2、3時間食ってんだよね、イタリアでもフランスでも。

石鍋　お客とまったく同じもん作るわけですよ、練習も兼ねてたから。

宇田川　それでイタリア館で皿洗いから始めて、とりあえず1カ月いたわけですか。

石鍋　正確には1カ月半ぐらい。実際に始まったら、入場者が多いからめちゃめちゃ忙しい。それこそ朝から晩までずっと働かなきゃいけない。こんなのは給料に見合わないってことでストライキが始まっちゃったんです。日本人だけじゃなくてイタリア人も。

宇田川　キッチンとサービスのスタッフ全員でストライキをやろうとしたわけですね。

石鍋　でも、僕はオーナー側の人間として入社しているから、ストライキに参加しちゃまずい。それで、隣にあったブルガリア館が、料理はブルガリア人が来てるから問題ないんだけど、表のサービスが弱かったらしく、「サービスできるならうちに来ない？」って誘われて。給料も倍だし、「任してよ」って入ったの（笑）。

宇田川　サービスの仕事はやったことないでしょ？　まあ、石鍋さんは器用だから、見よう見まねでやったと思うけど（笑）。

石鍋　やったことなくたってできるよ（笑）。料理はイタリア館のほうが面白かったけど、ずっと調理場で皿洗いやってたってつまらない。どこにも見に行けないし、俺は何のために来てるんだって（笑）。そう思った時に、隣でサービスするのも悪くないなと思って、「ストライキでもめているのに耐えられないんで、ちょっと身を引かせてもらいます」って辞めて、隣に行っちゃった。そうしたらすぐ自分のチームを持たされた。

宇田川　いきなりチーム主任みたいな立場になったんですね。

石鍋　僕のチームは、どうやったらもっと金をもらえるかとか、どうやったら休憩時間が取れるかとか、徹底的に考えましたね（笑）。例えばテーブルが20あるとすると、僕はお客のオーダーを取る前に、あらかじめ20枚くらい書いておいた注文伝票を、先に厨房に通しちゃう（笑）。だって、すぐお客でいっぱいになるわけだし、お客にメニューを見せても分からないから、伝票に書いた料理を、「もうこれは絶対旨いです」って薦めちゃう（笑）。「次回は違うものを食べてみたらいかがですか？」みたいな感じで。同時に飲み物も決めちゃう。

宇田川　ずる賢いやり方だけど、当時はブルガリア料理といっても、どんなものか誰も知らない。ウエイターが推薦するんだから間違いないだろうと納得しちゃう（笑）。

石鍋　テーブルが20あったから、2、3回転見込んで、60〜70人分くらいバッとオーダーを入れとくんですよ。じゃないと料理が出てこないから。たまには粗相もあったけど、僕のチームは料理も飲み物も出すのが早かった。お客も見学したいものがたくさんあるから、両者にとって好都合なんですよ（笑）。

宇田川　当時の日本人は西洋に対してコンプレックスの塊だったし、西洋料理もよく分からない状態。石鍋さんの作戦勝ちだ（笑）。

石鍋　だから僕のテーブルはランチに4回転こなしてた。普通のところは大体2・5回転くらい。そうするとどんどん勢力が強くなっていって、部下が増えるわけ（笑）。それで今度は、パビリオンの敷地内の角のところにテントを作って、飲み物のスタンドを作りましょうって提案した。お客はみんな喉が乾いてるのに、満足に飲み物も出せてない状態だから、うちのチームがそれを全部担当して売り上げを増やす。そうすると、ますますもってうちのチームは……（笑）。

宇田川　営業成績がいいから給料に加算されるというわけですね。

石鍋　みんな給料がうんと上がるわけだから、気分はいいよね（笑）。

宇田川　石鍋さんの統率力や合理性が勝っていたわけだ。

石鍋　それでたくさん売って大いに貢献したけど、嫉みもあって調理場からいじわるもされた。包丁持って追っかけられたこともあったんです（笑）。いろいろあって最後は現場を外れて、キャラバン隊を作っていろんな場所に出張って。ところがこれがまた、すごく儲かっちゃってさ。

宇田川　石鍋さんの人生を見ていると、単に料理人として優れているだけじゃなくて、商売人としても優秀なんだと思う。

石鍋　商売人っていうか、自分に与えられたところで、最大限にいろいろ考えるからだと思う。それにあの頃は21、22歳で、バイタリティがあったから。

日本で働いていても何も始まらない

宇田川　万博が終わった後、いよいよフランスへ料理修業に出発する。歴史上、多くの日本人が欧米に出て行ったのは私たちの世代が初めてでしょう。渡仏を決めた理由は？

石鍋　決定的な理由は、日本でそのまま働いていても、何にも始まらないだろうと。それよりも向こうへ行って、いろんな新しい知識を仕入れたいと思ったんです。当時の知り合いにフランス系ロシア人のカメラマンがいて、よく食べに来てくれた。会う度に、フランス語のスペルが間違ってるとか、フランス人はこうじゃないとかって言われて、悔しくてね（笑）。とにかく実際に、見に行ったほうがいいよと言われて……。

宇田川　でも、先立つものがないと海外には行けない。渡航資金を稼がなきゃならない。

石鍋　夜のクラブとかで働いて、当時、１日１万円くらいもらえたから悪くない。その代わり朝まで働かなきゃいけないけど。

宇田川　渡航費用も含めていくらくらい用意したの？

石鍋　いろいろ働いて１５０万ぐらい貯めたのかな？　それで洋服だとかエアチケットだとかを買って、残ったのは60万くらいかな。

宇田川　石鍋さんが渡仏した71年頃は、フランに対する円のレートはいくらくらい？

石鍋　1フランが約70円。渡仏前に働いてた「フレール・ジャック」(東京六本木にあったフレンチレストラン)の給料は8万5000円ぐらい。ところが、向こうに行って働くようになったら、ぺーぺーだから目減りしちゃって8万円ぐらい(笑)。

宇田川　行く前にいろいろ計画を立ててたんですか。こうしてああしてとか、何年ぐらい働くとかさ。

石鍋　一応アバウトなプランはあったんです。向こうでどうなるか分からないけど、できれば32、33歳になったら日本で自分の店を持ちたいなと。だから、まず25、26歳で料理長にならないとまずいなあとは思ってた。そんなに全部うまくいくわけじゃないけど(笑)。

宇田川　ともあれ、渡仏して、日本で会っていたジャン・ドラヴェーヌ*5に面会したんだよね。

石鍋　僕が71年に渡仏する前に、レイモン・オリヴェ*6とかドラヴェーヌとか有名な料理人が日本に来て、いろんな講習会をしたり、フェアを開くっていうことがあったんです。場所は京橋の明治屋の上で。ドラヴェーヌの講習会で僕はアシスタントみたいなことをやっていて、「やっぱりフランスに行ってみたいから、働けるかな?」って聞いたら、「ああ、全然大丈夫だよ」って言ってくれた。結局、3年間アシスタントをやって、4年目の時に向こうに渡ったわけ。渡仏する時に、ドラヴェーヌの日本側の招聘元から、ドラヴェーヌは3回も日本に来てるから、新しい人を紹介してくださいっていう手紙を託されたの（笑）。僕は手紙の中身を知らなくて、パリ郊外にあるドラヴェーヌのレストランに行って、預かってきた手紙を渡したんです。それから食事をごちそうになって、デザートくらいになったら、ドラヴェーヌが苦虫つぶしたような顔で現れて（笑）。

宇田川　次の人にバトンタッチしてくれという手紙を読んだんだ（笑）。そりゃショックだよね。

石鍋　その時すでに店で日本人が1人働いていたの。それで、僕はダメだって言われて。だって「来ていい」って言ったじゃないと、腹が立つやらガッカリするやら（笑）。だけども感心したのは、ドラヴェーヌがパリのレ・アルにある料理人の組合に連れてってくれたこと。でも僕は労働許可証も持ってないから、仕事くれるはずないけどね。

パリで無職

宇田川　それからだよね、職探しで苦労したのは？　毎週木曜にレ・アルで求職者の集まりがあって、出向いたんですよね。

石鍋　その日の朝に料理人仲間がみんな集まるんですよ。フランス人もアラブ人もぶらぶら集まって、情報交換したり。僕はフランス語がほとんどできないから、簡単なフランス語で適当にお茶を濁して……。

宇田川　日本人も必死だろうけど、フランス人はもっと必死でしょう。気持ちが全然違うんじゃない？

石鍋　そうなんですよね。68年に大きい暴動[*7]があって不景気でね。僕は12月に行って、４月まで失業状態っていうか、働く気もなかった。所持金がなくなるまではいいやと思ってたから（笑）。でも、最初はホテルに泊まったりしちゃってね。だから残金はあっという間になくなって、最後は６０００円とか７０００円とかになって、これはやばいなと。帰りの切符もないし。

宇田川　所持金が少なくても、初めてのフランスだからいろんなレストランで食べた？

石鍋　毎日食べ歩いてましたよ。辻静雄の本『パリの居酒屋《びすとろ》』だとかを参考にしたり、現地で聞いて食べたり。三ツ星、二ツ星、一ツ星、星なしってところを食べてみて、何が違うんだろうと考えたり。結局、星の付いている店の中には格があるけど、高くてぼったくりみたいな店もある。星がないところだって、きちっとして安くて美味しいところもある。そうやって食べることによって、美味しい店は分かった。でもフランスに勉強しに来てるんだから、修業先はよく考えたんです。

宇田川　ちなみに、パリで食べた三ツ星、二ツ星はどこですか。

石鍋　ほとんど食べました。「ラセール」から始まって、「ルドワイヤン」「ル・グラン・ヴェフール」にも行きました。「マキシム」と「トゥール・ダルジャン」は行けなかったな。美味しいと思ったのは「ベル・グルマンド」。

宇田川　その頃って、パリのいわゆる普通のビストロとかで、前菜とメインとデザートを食べて、ワインをちょっと飲むと大体何フランくらい？

石鍋　いろいろな店があったけど、それこそ安いところに行けば10フラン以下でも食べられた。普通にデートしようっていう雰囲気のあるとこだと、やっぱり40〜50フランじゃないですかね。あの当時の「ラセール」で150フランぐらいでしょう。

宇田川　ということは約1万円。初めてフランスに行って、見るもの聞くもの何もかも新鮮でドキドキだったんじゃないですか。レストランで客を観察するにしても、服装とか食べ方とか興味津々だったでしょう？

石鍋　ファミリーの会話でも、「えっ、こんなことも喋るのか」っていうようなね（笑）。アラブの金持ちがいたりすると、「あっ、身に着けてる服の生地がいいなあ」とかね。ワイシャツにしてもメガネにしても時計にしても、見たことのないようなものをしている人がいると、びっくりするよね。

宇田川　所持金が底をついても、日本から仕送りなんて考えられないわけだから。

石鍋　もちろんそうだよ（笑）。でも僕は鍛えられてるからね。お金がなくなったら、また違う方法で稼げばいいかみたいな感じでいたから、あんまり深刻にはならなかった。

宇田川　違う方法で稼ぐといっても、異国の地で特別なスキルもないわけじゃない。

石鍋　パリには日本からいっぱい観光客が来るからさ、それこそ免税店で客引きみたいなことをしてるのだっているじゃない。観光客を呼んで免税店に連れて行けば、お金をもらえるわけ。それと、観光案内にでもちょっと一緒に連れてってやれば、飯とお駄賃ぐらいはもらえる。でも、そこまで身を落としたくはなかったけどね。

調理場はフランス社会の縮図

宇田川　フランスが階層社会だというのは厳然たる事実。それは調理場でも同じようなもの。石鍋さんが滞在していた頃は、フランス人の日本に対する知識なんてこれっぽっちもなかったから、調理場に入っていろいろ差別されたでしょう？

石鍋　他の日本人より差別は少なかったですね。僕は意外と鈍いし、最初から戦略的に動くから。最初は働かないで、じっと掃除だけしてるとか。僕は調理場に行った時に、わざと冷蔵庫の中を掃除して、どんなもんを仕込みしてるか、どの程度仕込んでるのかを見るんです。掃除がしたいわけじゃなくて、冷蔵庫の中の状態を見たいからするわけだけど（笑）。とくに食料品貯蔵室は、いわば料理の機密が入っているような場所。僕はそんなところをきれいに全部掃除してた。汚れているからきれいにしてあげるっていうのもあるんだけど、何しろ機密事項が入っていて、食材とか仕込み状況とかいろんなもんが分かるから。それでちゃんとラベルを付けて、きちっと整理してあげると、整理整頓してくれたってことで、オーナーやシェフが下のコックに、「なんでお前らあいつを使ってやらないんだ」って言う。

宇田川　まさに戦略の勝利だね（笑）。

石鍋　戦略を持たないで最初から戦っちゃうとね、孤立するから。

宇田川　最初に入った店はブローニュの森の近くにある「ベル・デュ・ボワ」でしたね。

石鍋　パーティーなんかもやってたから、1日250～300人くらい客が入った。ダンスもしたりね。もちろんレストランもあって、夏は表のテラスを使っていて、オープンするのは4月の半ばから10月いっぱい。僕はギリギリ4月に仕事を得た。

宇田川　じゃあ、ほんとに金がなくなる寸前にうまく潜り込めたと（笑）。

石鍋　友達の紹介でね。大箱だから60人くらいコックがいたんです。店に肉屋やシャルキュトリ（豚肉加工）も入っていて、従業員は全部肉屋からの出向。シャルキュトリはハムから何から全部作っていて、レストランで使うものとお店に持っていくものとを分けたり。だからすごく勉強になった。

宇田川　最初のポジションは？

石鍋　アントルメチエといって主に熱いものを作る部署。朝早く行ってどんどん仕事して、みんなが来る頃にはコーヒーを淹れてあげたり、ごく普通にバリバリ働いていたんですよ。でも、すごくイケズする奴もいる。

宇田川　フランスの階層社会の中で、さらに調理場のヒエラルキーの中に入って行くっていうのは、やっぱり難しいでしょう？　当時は無給で働いてた連中がいっぱいいるわけだから。

石鍋　だから、絶対に無給で働いちゃいけないって言うんですよ。だって無給で働いたら意味ないじゃない。

宇田川　戦力にならないといけないわけでしょ？　だけど戦力になるって大変。

石鍋　僕の場合は、シェフ・ド・ラン（部門長）の下に入って、そいつが朝来たら、あとはコーヒーを淹れればいいだけにして、もう全部すませちゃう（笑）。ただ、最後の簡単な仕事だけは残しておく。

宇田川　全部奪っちゃいけないわけだ。

石鍋　そうそう。ここまでは私でもできますよと。ソースでも何でも欲しいものは用意してありますからどうぞって言って（笑）。そういう風にやっていかないとダメなんですよ。そうすると、仕事ができない奴はできない奴で頼ってくるし、仕事ができる奴はそんなに早く出勤しなくていいからって、いずれ上に上げてくれる。でも調子に乗って上っちゃうと、それも結構難しい。いずれにしても、フランスである程度認められる日本人は、フランス人の倍は働いてる。

宇田川　ともかく、フランスの調理場では、あんたたちの職域は侵さないよっていう態度を見せる必要があるわけね？

石鍋　とにかく上の連中は持ち上げて、下の連中にはいろいろ教えてあげる。それしか方法はない（笑）。力で行くとね、必ずやられるから。

宇田川　肩ひじ張って、対等に頑張っていこうと思っちゃいけないと。ところで、「ベル・デュ・ボワ」にはどのくらいいたの？

石鍋　4月に入って約7カ月。入店してから数カ月後に認められて、労働許可証を取ってくれたんですよ。ただ、僕は10月か11月頃から「マキシム」で働くことはすでに決めていたんです（笑）。

宇田川　労働許可証はフランス人と同等の権利で働ける証明書で、アメリカのグリーンカードのこと。で、辞めた時の理由は何ですか。

石鍋　親を殺して（笑）。

宇田川　「親が死んで、日本へ帰る」と。「親殺し」何回やったの、パリで？

石鍋　う～ん、3、4回やってるんじゃない。

宇田川　（笑）

「マキシム」は50℃の灼熱地獄

宇田川　「ベル・デュ・ボワ」のあとは、三ツ星の店が続きますよね。

石鍋　まず「マキシム」で、それから「シェ・ドゥニ」。それで「ヴィヴァロワ」に行く前に「クリヨン」に入ったんだけど、1カ月で辞めちゃった。だって、スパゲティは半分ゆでてあるし、仕事はパートパートに分かれてるから、連携がうまく取れてない。料理長もガツンとやる人じゃなくて、ちょっとおかまチックなセカンドが取り仕切ってたもんだから、これじゃ働いてもしょうがないなと思って、悪いけど病気になったからって言って辞めた。

宇田川　「マキシム」に話を戻しますけど、当時は天下無敵の三ツ星でしたよね。黄金時代に働いてたんでしょ？

石鍋　そうですね。一番良かったのはいろんな名門クラブが開く食事会で、金に糸目をつけない料理を出すような集まりが何回かあったんです。あとで原価を計算して、倍付けや3倍付けにして請求書を出すらしいんだけど。そういうのが非常に勉強になった。

宇田川　料理はもちろんだけど、表のサービスも勉強になったでしょう？

石鍋　表のサービスマンもすごい人たちで、個室のサロンのマネージャーとか、ホールのマネージャーとか担当が分かれていて、それぞれが権限を握っているわけ。トップに君臨するのがディレクター。そのディレクターが、アメリカ系の背の高い格好いい人。その人なんかは、「マキシム」だけじゃなくて、同時にいろんな国のレストランのマネージャーも兼ねている。だから、お前この店に行けみたいな感じで手配してた。ディレクターっていうのは大きな権力を持っていて、そういう采配も振るえるのかと思った。今まで自分たちが習ってきたレストラン像は、表に支配人がいて、調理場にシェフがいて、料理をサービスするのがマネージャーというイメージがあったんだけど、実は一番上でディレクターが全部を統率している。店単体だけじゃなくて、「マキシム」のようにパイを広げておけば、集客も集金も増える。問題はすべてを統括するのは誰か。結局、ディレクターがやるのか、マネージャーがやるのか、それともソムリエがやるのか。完全に1人で統率していくのではなくて、もし仲がいいんだったら、仲間とコネクトしてやるのもいいんだろうし。

宇田川　要するにレストランの構造は、昔からフランスでは完成してるんですよ。日本はやっとここ15年ぐらいですよね、レストランの構造をちゃんと認識するようになったのは。表で言えばまずソムリエに日が当たって、やっと最近になってメートル・ドテル（支配人）やマネージャーやディレクターって立場に理解が及んできた。ほんの10年前、20年前までは、美味しい料理さえ出しておけば、あとはまあ何とかって思ってたんじゃない（笑）。

石鍋　人間関係はネットワークですからね。まあ、フランスの場合はマフィアみたいなもんだから（笑）。

宇田川　その「マキシム」だけど、キッチンはほんとに50度の灼熱地獄（笑）？

石鍋　ほんとに天国と地獄！　僕も3カ月に一遍は発熱して40度くらいの熱を出しちゃって。火がモロに当たる正面は暑くて、裏は汗びっしょり。でも火のところから外れると、今度はすごく寒い。それで冬に熱を出したり。あの頃もオーバーワークだった。

宇田川　汗をびっしょりかくわけだから、大量の水を飲むんでしょう。それじゃ確かに地獄の調理場だ（笑）。

石鍋　ダイエットにはなるね（笑）。

宇田川　今や伝説になってるけど、その頃「マキシム」の調理場で、石鍋裕、井上[*8]旭《のぼる》、熊谷喜八[*9]の3人が働いていた。それぞれ何をやってたんですか。

石鍋　井上さんは一番古くてソーシエ（ソース係）で、熊谷さんはナイジェリア大使館から派遣されてスタジエ（研修生）で来ていて、冷たいオードブルを担当。僕はアントルメチエにいたんですよ。

宇田川　「マキシム」に入ったいきさつは？

石鍋　井上さんに引っ張られてというか……。僕は一時、パリ6区のサン・ジェルマン・デ・プレに住んでいたんだけど、「ベル・デュ・ボワ」に近いところがいいと思って、16区にあるレストランの2階に空きができたというんで、その部屋を借りたわけ。そしたら上の階に「マキシム」で働いてた井上さんが住んでた。たまたまバッタリ会った時に、何やってんだよとかいう話から始まって……。

宇田川　当時の「マキシム」は、いわゆるドが付くくらいのエスコフィエ[*10]料理を作ってたんですか。

石鍋　いやいや！　すごくモダンな料理ですね。例えば、有名なソール・アルベール。

掃除した舌平目に塩コショウして、バター、パン粉を付けて、ベルモット（スパイスやハーブを配合したワイン）と白ワインとエシャロットをちょっと入れて、サラマンド（オーブンの上火）で焼き上げる。ソースは魚のフュメ（ダシ）、野菜もベルモットも何もかも全部煮詰めちゃって、クリームは一切使わない。それとは別に、海老とシャンピニオンとトリュフを使ったソース・アメリケーヌも作ってて……。

宇田川　それがモダンたる所以ですか。

石鍋　ええ。それをコピーして、ちょっとまずくしたのが「ラセール」。ソースにも生クリームが入っていて。バターと生クリームの違いって今の若い子はよく分かってないんだけど、クリームでやると味の深みが薄れるのね。ツーッと糸を引くような長い味わいが、ぼやける。ところがバターだけだと、白ワインに何を使うかによっても違うけど、例えば「マキシム」はサンセール（ロワールワインの1つ）を使ってたんだけど、サンセールの酸味とベルモットの甘みの層の厚い味と、魚だとか野菜の味がうまくマッチして、ずっと舌に残る。

宇田川　つまり、「マキシム」みたいなガチガチのトラディショナルなレストランでも、やはり新しさなり、モダンさを求めていたと？

石鍋　ずいぶん変革がありましたよ。例えば大きなスズキをファルス（詰め物）にして、パピヨット（油をひいた紙で包むこと）で全部焼き上げるとかね。そんな料理もあったり。それを見たポール・ボキューズ[*11]が、それをパイでやろうと。

宇田川　有名なスズキのパイ包み？

石鍋　ボキューズのすごさは、パッと見て拾うのが上手いこと。すごく頭がいいし、強引さがすごい。

宇田川　顔見りゃ分かるよ（笑）。自己主張が強そう。

石鍋　今までこっちがずっと喋っていて、自分が出ないと損だなと思うと、前へ出てくる（笑）。だから料理でも必要ならパッと取っちゃって、いち早く自分のものに変えていく。さすがにこの人はすごいなと僕が思った瞬間ですね。

宇田川　「マキシム」ではどのぐらい働いてたんですか。

石鍋　約1年かな。僕は長いとこでも大体半年ぐらいだから。

宇田川　今で言うコンプライアンス（社内倫理）は厳しかった？

石鍋　そんなことはない。結構自由にやってました。今でも憶えているのはフライパン事件（笑）。普段から鍋やフライパンの数が少ないから、自分のために確保しとかないと仕事が間に合わない。それで確保しておいたフライパンは、熱したストーブの上の端のほうに置いといて、熱いから目印に塩を置くわけ。それなのに、スー・シェフ（2

番手のシェフ）が、そのフライパンをトーション（ふきん）も使わないで素手で取っちゃったから火傷して、すごく怒られたんですよ。「お前のことは絶対忘れないからな！」って（笑）。僕はちゃんと印も付けてたし、そんなにおかしいことはしてないのに。

宇田川　日常的にそういうちょっとした諍いはあったんですか。

石鍋　諍いはないんですけど、ただ問題は仕事の量ですよね。最初は日本人的な考えだから、どんな仕事も一生懸命やってあげるんだけど、本当はうまく手を抜かないといけないんですよ。その頃はまだ未熟だから、そういうことがよく分からなくて。結局、日本人は調理場のヒエラルキーの中で上と下の真ん中あたりに立ってるわけだから、上の先輩には常に供給しなきゃいけないし、下の者にはどんどんやらせなきゃいけない。そこのギリギリのところで、上の奴がちょっとトロイと、先に先に仕事をやっちゃいたくなるんですよ。間に合わないし、怒られるのはこっちだから。どうしてもその辺の按配がよく分からなくて一生懸命やってたら、3カ月に1回くらい、急に発熱して2、3日休んじゃう。そんなことをしてるうちに、別に僕がいなくたって問題ないだろうと。当たり前だよな、外国人だもんなと。だんだんそういうことに気が付くようになって（笑）。

宇田川　外国人としての一種の知恵だよね。

石鍋　早く終わらせれば、次の仕事を覚えられるかなと思って勉強してるのに、そうじゃなくて、どんどん違う仕事をよそから持って来て、やれって（笑）。

宇田川　外国人だから、ある限られた時間で、いかに効率よく仕事を覚えて、新しいことを発見していくかっていうことが勝負だもんね。

石鍋　そうです。ある程度上に立ってやってないと、仕事をさせてもらえないから。

宇田川　戦うといっても、正面からやみくもにぶつかるんじゃなくて、急がば回れとか、抜け道だとか、知恵を絞ってやらないと太刀打ちできない。石鍋さんが言うところの戦略ですね。

「シェ・ドゥニ」は僕の原点

宇田川　そのあとに入るのが「シェ・ドゥニ」。オーナーシェフのドゥニは石鍋さんにすごい影響を与えた、非常に独創的なシェフ……。

石鍋　革新的で料理界のドン・キホーテって言われてた。出身は毛皮商で、車が大好きで。最後に亡くなった時もフェラーリを時速200キロ以上で飛ばしていて、崖から落ちたって聞いて……。見た目はごく普通の背の小っちゃいおっさんなんですけど、とにかく頭はよかった。フランス料理界って結構面白い人がいて、いわゆる料理界を全然経験してないで料理人になって成功している人がいる。当時のフランスでは生のものを使うということは、まずなかった。少しぐらい傷んでいても、料理人の腕でカバーすればいいみたいな。でも、ドゥニは仕入れからすべて違ってた。とにかく毎朝、魚屋さんが冷蔵庫の中に残った魚を全部持って帰って、新しい魚を補充するわけですから。それって画期的でしょ?

宇田川　驚くべきことだよ。私が渡仏した70年代後半でも考えられない。その頃のフランス人は魚自体にまったく興味がないんだから。

石鍋　水槽の中にオマールだとかを入れて、定期的に魚屋が来て管理している。肉は、自分がペリゴール地方出身だから、地元の友達が捕獲した野鳥とかをオリーブオイルに漬けて持ってくるし、フォアグラも持参してくる。ともかく素材はすべて新鮮。

宇田川　古典書を結構読んでたっていう……。

石鍋　古典書もそうだし、19世紀の料理法も研究してた。温かいものと冷たいもの、硬いものと柔らかいものっていう対比を食感で楽しむっていうような。今の時代にやると面白いって思ったんでしょう。例えば、ブロンの牡蠣を軽くサッと温めておいて、そこにアツアツの小っちゃいフォアグラをピッとかけて食べさせる。自然にできた海の油っぽいのと、陸でできた油っぽいものとを一緒に食うから、それは当然旨い（笑）。

宇田川　それはヌーヴェル・キュイジーヌ[*12]が目指した料理法の1つになるんじゃない？　二律背反のものを組み合わせるっていうのは。

石鍋　とにかく料理哲学がしっかりしている。魚は、骨と身と皮と鱗、これで守られて身が成り立ってる。身が骨に付いてなかったら身が縮んで美味しくなくなる。鱗を取った魚なんて美味しくない。そういうことを言ったのは、当時はドゥニくらいですよ。

宇田川　今のフランス人はスシを食って、ダイエットがどうのこうのとうるさいけれど、もともと肉食大国だから、そんな魚料理を食べるのは限られた一部の人間だったよね。

石鍋　それに、ほんとにびっくりするような値段だった（笑）。今の値段で言えば、平気で10万、20万取ってたんだから。王侯貴族とかブルジョワの金持ちとか結構来たけど、客が1日2、3組の日もあったな。もうちょっと働きたかったけど、そんなに時間を無駄にできないから、1日2、3組のために……。結局、半年弱で辞めました。

宇田川　じゃあ、石鍋さんの料理の原点はドゥニなんですか。

石鍋　僕の原点です。ドゥニは異業種から参入して、料理人のアレクサンドル・デュメーヌ[*13]を崇拝していて、ゼラチンも何も使わずに、美味しいショ・フロア[*14]を作りたいって。野菜は引っこ抜いたらすぐ食べなきゃ美味しくないって。まあ、時代性もあったんでしょうけどね、あっという間に三ツ星になりました。

「ヴィヴァロワ」から全国へ

宇田川　「シェ・ドゥニ」を辞めたあとは?

石鍋　そのあとすぐ「ヴィヴァロワ」です。「シェ・ドゥニ」で働いてたって言ったら、オーナーシェフが目玉をクルッと大きく回転させて、じゃあすぐ来てくれって(笑)。最初はただ、働きたいんだけどって言ったら、うちはもういっぱいだからダメダメって(笑)。今どこにいるんだって聞くから、「シェ・ドゥニ」だって言ったら、「どのくらいいるんだ?」「もう4カ月経つから、そろそろ違う勉強もしてみたい」「その前はどこにいた?」「『マキシム』に1年」「じゃあ、すぐ来てちょっと教えてくれ」と(笑)。

宇田川　石鍋さんは「ヴィヴァロワ」の日本人第1号でしょ?

石鍋　ええ、ほんとに楽しかったですよ。内装はオルセー美術館を手掛けたデザイナーがやってるんですよ。テーブルでも椅子でも名品で、何十万円もするものをよくこんなに使えるなと(笑)。で、採用になったはいいけど、翌日行ったら何をやっていいか分からない。作り方が他とまったく違うから。その頃、ちょうど一ツ星から二ツ星になったんです。

宇田川　一般に二ツ星から三ツ星に昇格するってのは地獄の苦しみらしい。二ツ星の調理場って、躍進中だから活気に満ちてたんでしょう？

石鍋　ええ、だから面白い経験をしましたよ。僕があそこでやったのは、「シェ・ドゥニ」で作ったもの、「マキシム」で作ったもの、あと自分の創作を、それぞれ10人前ずつ作るっていうこと（笑）。変わってるでしょ？　注文が入っても入らなくても、時間までに10人前の材料を準備しておく。それでギャルソンに、今日は特別料理が10あるからって言わせるの。そうするとどんどん注文が入ってきて、あとはバーッと作って出す。それで、それを食べたお客が「すごく美味しい」と言えば、オーナーはそのお客をわざわざ調理場に連れて来て、「彼が作ったんだ！」って（笑）。でも、その客の顔を見るとガッカリするの分かるじゃない、日本人が作ってるんだから。

宇田川　あの親父*15が連れて来るの？　変わり者だよね（笑）。

石鍋　そう。変わってんの（笑）。

宇田川　天下の二ツ星シェフだから、一風変わっていても頭は冴えてるんでしょう？

石鍋　頭いいんですよ。哲学の勉強をものすごく一生懸命やっていて。だから自分は料理人としてはあんまり向いてないかもしれないって、そういう風に言ってた。ただ、テクニックはあんまりないけど、情熱と魂は誰にも負けない。あそこの店だけですよ、玉ねぎのほんとにいいクオリティのを買って来るとか。小っちゃくてぺったんで、すごく剥きにくい玉ねぎなんですけど、香りが良くて旨い。

宇田川　最後はちゃんと三ツ星を取るくらいだから、単なる変人じゃなくて、文化力とか発信力とか創造性があったんだろうね。で、その「ヴィヴァロワ」で特異な体験をしたんだよね。全国のミシュラン店に飛ばされたんでしょ？　スパイの如く。

石鍋　いや、まあ、スパイじゃないんだけど（笑）。たぶんシェフが興味あるお店で、当時脚光を浴びていた店に行かせようと。あの料理どうやって作っているのか分からないからって先方に電話するのよ。「すごくいい子がいるんだけど使ってみない？」って（笑）。「2、3カ月仕事したいって言ってるんで、どうだろう？」って。

宇田川　お互いにミシュラン・サークルでお仲間だから、向こうは断れない（笑）。

石鍋　行けば好待遇で迎えられる（笑）。それで回ったのが、「トロワグロ」[*16]「ペール・ビーズ」[*17]と「ムーラン・ド・ムージャン」[*18]、エーベルランなんかもそうです。[*19]「ポール・ボキューズ」は見に行っただけ。当時流行ってた店をグルッと回れましたね。

宇田川　給料なんかはどうしたの？

石鍋　出張先でもらっていたけど、給料は良かった。待遇も悪くないし。フランスは大体給料が決まってるんですよ。普通のシェフ・ド・ランで2000～2500フランとか。1フランが70円の時代だから約14万。その頃日本で同じ仕事してたら5、6万ってとこじゃないかな。

宇田川　短期間で覚えた料理を「ヴィヴァロワ」で吐き出すわけ（笑）？

石鍋　戻ってきて10人前ずつ作って（笑）。調理場のフランス人に僕が覚えて来たテクニックなんかを教えながら。

宇田川　日本人がフランス人に教えるんだ。

石鍋　ええ。でもフランス人は勉強しないから。例えば骨を細かくしてソースを作っていく時に、フォアグラと血のジュースを少し入れると濃い味になる、豚の血を入れるとこんな味になるっていうのを、試しながら味見させてあげるんだけど、「分かってんのかよ」って感じで（笑）。

醤油はパリから必ず持参

宇田川　ちょっとムニュ・デギュスタシオン[*20]のことが聞きたい。当時はコースにしたって5皿くらいで、小皿料理ってなかったわけでしょ。ムニュ・デギュスタシオンのスタイルが好まれたのは、星付きに一生に1回しか行けない人たちが大勢いるから。世界各地からわざわざ食べに来てくれるんだから、あれもこれも食べさせたいっていうサービス精神から出て来た発想でしょう。

石鍋　まあ、僕が日本でやり始めたのは、どっちかって言うと、コスト管理がしやすかったからなんですね。結局、ア・ラ・カルトでめちゃめちゃに注文されると伝票整理が大変で、コスト計算があまりにも煩雑になっちゃって。

宇田川　素材に無駄が出ないもんね。

石鍋　確かに無駄が出ない。コスト的にもいいし。お客さんにしてみればメニューを見たって分かるわけじゃないから、とにかくお前のところの美味しい料理を食べさせてくれって。

宇田川　で、石鍋さんがフランスの調理場で働いていた頃は、日本の醤油と味醂と日本酒は三種の神器みたいなものだったの？　革新的なレストランには必ずあるとか……。

石鍋　その頃は地方の店にはほとんど中国醤油しかなくて、日本の醤油は地方に行くたびにパリから必ず持参してたんです。味醂はフランス料理の生クリームじゃないけど、味を全部マスクしちゃうから、同じ糖分を使うんだったら砂糖のほうが単調な甘みでいい。日本酒はありましたね。日本的な小皿料理とかは、例えばラタトゥイユだとしたら、上にちょっと葉っぱをさらしてスプーンで食べさせる。当時これが出てきたら、「こういう風にも食べられるんだ！」みたいにお客はびっくりしちゃう。さらに今度は焼き鳥みたいなものをアミューズ的に食べさせたら、そりゃ喜びますよ。僕はさんざん作らされたけど（笑）。

宇田川　日本料理の発想ですね。

石鍋　ええ。あとは、僕がいつも「ヴィヴァロワ」でやっていることを、別の店で反対にもう1回まわしたらどういう感激を出せるのかな、と思ったり……（笑）。例えば「ムーラン・ド・ムージャン」だったら、ちょっと遠いアルザスの、エーベルラン的なのを出すとどういう感じになるのかとかさ……（笑）。

宇田川　考えてみればネットがない時代だし、情報が満遍なく行き渡らなかったんだよね。石鍋さん、悪知恵をちょっと働かせて、あっちの店のをこっちの店のに掛け合わせて……って、よくやるね（笑）。楽しんでたんでしょ？

石鍋　いや、それくらいしか楽しむことなくて（笑）。でも、そういうことって、すごく重宝がられるんですよ。

名物料理が1品あれば50年は食える

宇田川　以前石鍋さんが言ってたけど、店の名物料理を1つ創作して人気になったら、

10年、20年は食えると。ほんとにそうなの（笑）？　だとしたらボキューズのスズキのパイ包みだとか、トロワグロのソーモン・オゼイユもそうだし、ベルナール・パコー[*21]の赤ピーマンのムースもそうかもしれない。

石鍋　そうそう。50年はＯＫかもしれない（笑）。フランスは世界中から食べに来るから。しかも世代を超えて食べたい人がいれば、１００年とは言わなくても50年、60年は同じ料理を出しても全然問題ないわけ。

宇田川　確かに（笑）。スズキのパイ包みやソーモン・オゼイユを食べたい人がいる限り、子々孫々続く。永遠に金のなる木なんだね（笑）。

石鍋　そういう木が日本に育たないのは問題があるだろうから、僕はそういう自分の核になるものをどうやって拵えていこうかなと思って、料理をやってる。

宇田川　料理の関連性で聞きたいんだけど、アラン・サンドランス[*22]の創作料理にフォアグラとキャベツを組み合わせたものがありますね。石鍋さんの創作したフォアグラ大根への影響は？

石鍋　フォアグラとキャベツの組み合わせは、サンドランスだけじゃなくてミシェル・ゲラール[*23]もやってたんですよ。ただ何を使うかっていう問題とか、火をどのくらい通すとか、フォアグラを生で入れるか、ソテーして入れるかとか。キャベツはキャベツで、残ったくずをまとめて使ったほうが経済的にはいいだろう。でも味的には、フォアグラの代わりにコンフィ（肉類を低温の油で煮たもの）とかリ・ド・ヴォ（子牛の胸腺）とか、そういうものと混ぜて最上のソーセージ風にしたもののほうが、キャベツにはよく合うなとか、いろいろ試行錯誤があって。

宇田川　「クイーン・アリス」の画期的なメニュー構成の下地というかアイディアは、フランス時代に結構培ったんでしょ？

石鍋　いろいろ考えたりはしてましたけどね。ただ、一生懸命やってたことはやってましたけど、飽きるのも早くて、もっとやっときゃ良かったのかなあと思うレストランも多いの。まあ、やってたら過労で死んでるだろうしなあと思うけど（笑）。

帰国後、「ロテュース」へ

宇田川　石鍋さんはフランスに6年程滞在して、結局、76年の春に帰国する。

石鍋　ええ。同じ苦労するんだったら、日本で早く土台を築いたほうがいいなと思って、27歳で帰ってきたの。

宇田川　おぼろげながらも、将来はこうしたいっていう計画はありましたか。

石鍋　僕は19歳の時に、40くらいまでの人生計画を立てていたんです。まず修業のためにフランスに22、23までに行くと。5、6年やって、27、28に日本に戻って来てシェフになる。それから31、32で自分の店を持って、40までに店の基盤をしっかり固めようっていう計画で、そのまんますんなりいったんです。

宇田川　東京のレストラン「ロテュース」に入ることは、すでにパリ時代から決まっていたんですか。

石鍋　いいえ。当時、新しいお店を作るというので、料理人を探してる人が3人いたんです。ホテル経営者と、レストランをたくさんやってる人と、料理が好きなジャズマンの3人。その3人ともに会ってみたんですけど、やっぱり料理が好きだって言っている人がいいかなと。結局、場所は六本木で、半分は外国人が歌うピアノバーで、半分はレストランになってるのを選んで。地下だからちょっとねと思ったけど、まあいいかなと。

宇田川　レストランといっても70年代半ばのフランス料理店だもんね。街にはまだ10数軒しかなかった頃だし。

石鍋　そうそう。店ができるまでは、昔の友達が新しい料理を教えてくれって言うから、大阪に行ったり、広島行ったり、福岡行ったり。

宇田川　フランス帰りの新進気鋭の料理人だから、ギンギンにフランス料理を出してたんですか。

石鍋　ええ。ちょっと店とは不釣合いとか言われたけど。でもありがたいことに、少しずつマスコミで取り上げていただいた。最初に「婦人画報」が1年間の連載を組んでくれて、料理写真で有名な佐伯義勝さんが撮影されたんです。佐伯さんはいろんな方を紹介してくださって、同業者もいっぱい食べに来てくれた。一般客は、最初の半年間ぐらいはほとんどポツポツ状態だったけど。

宇田川　石鍋さんは、同じくフランス修業から帰国した井上旭《のぼる》と鎌田昭男と共に、三羽烏と呼ばれていた。鎌田さんも六本木にある店でシェフをやってたけど、噂によれば、全然客が入らなくて石鍋さんたちと遊んでいたそうで（笑）。[*24]

石鍋　「ロテュース」のバーのカウンターがちょうど真四角でね、麻雀やってました（笑）。お昼終わると暇じゃない。従業員はマグロみたいに寝てるしさ。井上さんも鎌田さんも暇だったから、あと誰か1人入ると麻雀ができる。しばらく続いたけれど、雑誌とかで紹介されて、昼間の時間にだんだん客が入るようになってできなくなっちゃった。街場の店がいっぱいになるには、やっぱり1年くらいかかりますね。

宇田川　ホテル全盛時代だから、街場のレストランは苦労したでしょう。「ロテュース」のシェフをやってる時に、「俺は今のフランス料理を一番知ってるぞ！」っていう気概とかプライドはありましたか。例えば、メニューに二ツ星や三ツ星の料理をズラッと並べるとか。

石鍋　そういうのを全部並べちゃうと時間が間に合わないし、常に出ないから、大体3点。これって世界標準なんですよ。世界中のどんな有名なレストランに行っても、例えば魚だったら魚料理で3つ、肉やってれば肉料理で3つで、これを確実にやるってのが一番大切。メートル・ドテルとかギャルソンは、お客に対して「今日はこちらのほうがよろしいですよ」とか薦めて、軌道修正させるのが腕の見せどころ。ところが日本はまったくそういうことをしないから、すごい無駄が出るんですよ。だから、最低限のルールをちゃんと決めなきゃいけないの。フライパンに塩が乗ってれば熱いという印、オーブンにトーションが掛けてあったら中に入ってる印というように。そういう約束事が少しずつ知られるようになるのは、75年くらいから。

何やるんでも自分に投資

宇田川　「ロテュース」のシェフ時代に大金持ちの客がいたそうで。

石鍋　六本木を全部持ってるような人物で、週に3、4回来てたかな。当時60歳代で、スイスや南仏に別荘を所有してて、車はベントレー。いつも麻のシャツを着て、上着はほとんど着ないっていう人だった。おしゃれな人だなあと思ったんですけどね。顔が広くて、ヨーロッパのこともよく知ってたから、愉快な話をしてくれました。その人が来店する度に、彼が食べたいような料理をどんどん出してたんです。メニューなんか出さないで。ある時、自分の誕生日にお客を呼ぶから、「お前がフランスで一番最高だと思うものでメニューを組んで作れ！」って頼まれた。だからフランスで修業した星付きの店の料理を出そうと思ったわけです。で、フランスの料理ってしっかり重いものが喜ばれるから、そんなメニューにしたんですよ。そしたら途中で、「お前、いつも俺に出すのと全然違うじゃないか。旨いけどちょっと重いよ」って叱られて。「お前がいつも俺に作ってくれてたのは、フランスの新しい料理じゃないのか？　あれのほうが良かった」って。その人はしょっちゅうヨーロッパに行ってる人だから、フランスのことをもっと知っていて話してたと思ってたんですけどね。

宇田川　結構ショックだった？

石鍋　ショックでね。そうだよなと思って、それから日本料理と中華料理を1年間かけて食べ歩いたんです。日本料理は、そんなに高くなくて美味しいお店を「吉兆」さんに聞いたら、当時の「都ホテル東京」（現・「シェラトン都ホテル東京」）で日本料理をやってる親方が、そういうことをしっかりやっているようだから行ってみたらとか。そうやって日本料理を食べながら、日本の素材をどうやって使うかとか考えたり。中華料理も美味しいところを教えてもらって、食材を見せてもらって、どういう風に作るのか勉強したり。時には中華の料理人も混ぜて食事会を開いてもらったり。

宇田川　立派ですよ、70年代後半に日本料理と中華料理のことを考えていたとは。料理のフュージョンなんかが出てくるのは、それから十数年経ってからだから。

石鍋　料理をやってると、いろいろ考える。僕は自分に投資しない限り、お金は自分に絶対返ってこないっていうのを19歳の時に教わってるから。

宇田川　19歳の時にたまたま教えられたんですか。

石鍋　当時、小佐野賢治[*25]だとか児玉誉士夫[*26]だとか、石原慎太郎さんだとか中曽根康弘さんだとかが集まる木曜会っていう食事会があったの。すごく興味あるから、邪魔にならない程度にお話を聞かせてもらったりしてね。その人たちの1人に、「何やるんでも自分に投資しなきゃダメだよ。会社やるんだったら会社に投資しなきゃいけないし、自分1人でやるんだったら自分の腕を磨くとか。そうやらない限りただの労働になっちゃう。労働を金にするためには、最終的には何が欲しいかという目的を持たないと」って言われた。で、僕が「普通よりも金持ちになりたい」って言ったら、「そりゃそうだ。労働をお金に替えるのが一番難しいことだから、1つのことを詰めないとダメなんだ。詰めれば自然にお金は付いてくる」って。若くて何も分からなかったけど、とりあえず本を買って読むとか、食べに行って、自分のやっていることとよそのやっていることを対比して考えてみるとかしたんです。それで向こうのほうが流行っていれば、とりあえず向こうに準じて自分の料理を直していけばいい。生意気に俺のほうが絶対いいんだと思ったら、いつまで経っても壁は崩れない。

「クイーン・アリス」開店

宇田川　さっきの大金持ちのようにしばしばヨーロッパに行って、いろいろ食べ歩きをしても、結局はフランス料理なんて分かってないってことですよ。まして、一般人はヨーロッパに行くことも大変だったんだから分かりっこない。

石鍋　じゃあ、一般の人が一番喜べる形のレストランを作れば一番いいんだろうなと思って作ったのが、「クイーン・アリス」だったんです。

宇田川　財政上の問題はどうクリアしたの？

石鍋　お金なんてないですよ（笑）。ともかく、親戚やなんかから借りて1600万でしょ。他に知人たちから50万くらいずつ集めて200万か300万くらいかな。でも、前家賃だとか敷金だとか8カ月分で500万くらいかかっちゃうわけ。すごく曲がってる家だから工事費に1500万くらい。最初からマイナス。ところが、3月の28日とか29日とかにオープン予定だから、それまでに工事を仕上げてなきゃいけなかったのに、電気の配線業者が役所の仕事だから来ないってことになって、引き渡しが4月1日になっちゃった。まあ、遅れたのは仕方ないけど、月が変わって支払いは1カ月あと回しになるからラッキーかなと。

宇田川　当初の来客状況は？

石鍋　お客が一気に入っちゃうとサービスなんかが慣れてないからまずいので、最初の3日間くらいは20人くらいで満席、翌週からは25人くらいで満席にして、その次は30人くらい。やっとまともにできるようになったのは、1カ月ぐらい経ってから。それからは40人ぐらいでずっと満席が続いて、これはいいやと思って、2カ月目の初めに、使ってなかった2階の部屋を全部内装してもらって、大体70名までとれるようになったんです。それからもずっと満席で、今度はテラスにガラスで仕切った部屋を作って90名入れるようにした。もし半年でダメだったら、アメリカへ逃亡するつもりで（笑）。3カ月経って、これで大丈夫だと思って株式会社に切り替えました。

80年代前半。「クイーン・アリス」にて。

宇田川　フランス料理なのに、どうして「クイーン・アリス」って名前にしたんですか。

石鍋　フランスの名前だとね、覚えられるのはせいぜい「ラセール」とか、アムールぐらいじゃない。他は日本人には無理だろうと思って、一番メジャーで、みんなが知ってる物語は何かと考えたんですよ。当時、知り合いに『不思議の国のアリス』をものすごく調べてる子がいて、いろんな文献を出してきて、フランスに行ってたんだから知ってるだろと言われて。20世紀の芸術家だとかアーティストは大体アリスに1回は惹かれて、必ず題材として頭に刷り込まれている。僕の店も、西麻布のごたごたした細長い道を入ってくると、つきあたりに何か知らない洋館があってといった雰囲気。表札もないから、ドアを開けると、鏡の国じゃないけど、南の太陽の光がさっと差すような面白さがあった。それで店名にしたんです。また、クイーンを目指して頑張るって意味も含まれていて。

宇田川　成功の大きな理由はメニューの作り方だったと思います？　斬新な料理のフォアグラ大根やデザートにぜんざいが出てきたり、当時としてはバリエーションを考えた独特なメニューだと評判になった。

石鍋　日本人はフランス人と感覚がまったく違うから。テレビだとか劇場だとかもそうだけど、日本で当たるのは、華やかな舞台だったりきれいなファッションですよ。だから前菜はなるべく華やかに、2番目は聞いてはいるけれど実際には食べてないものと、いつも食べていて味も何もかも分かっているものとの組み合わせ。3つ目はシーズンが一番よく分かる味のスープ。魚料理は、日本人はみんな美味しい魚の食べ方を知ってるから、それとは正反対のフランス風に仕上げる。メインの肉はさらっと食べられるものにして、肉の量の倍の野菜を添える。フィナーレは宝塚と同じようにどぎついぐらい華やかにする。

宇田川　日本人の味覚やセンスに合ったフランス料理を構想したわけですね。

10年目に多店舗展開へ

宇田川　82年に「クイーン・アリス」をオープンしてから、ずっと1店舗だけでやってたの？

石鍋　そうです。10年目に「プランタン銀座」へ出店したのが最初。

宇田川　その10年間は、何か自分の中で期するものがあったんですか。

石鍋　十分に利益があったので、1軒のままでもいいかなと思ってたんですよ。でもふっと考えて、このまま1軒だったら、もし自分が病気で倒れたりしたらえらいことになるなと思って、みんなと相談したんです。そうしたらシェフになりたいって言うのもいるし、自分のお店を持ちたいと言うのもいる。じゃあ、お店を出そうと。その代わり、出店をお願いしてきた出資者が、敷金や権利金とお店の基礎的な工事費用の半分を持つ形で契約した。そんなわけで比較的に投資が少なくて済んだから、その後、いろいろ店を出したっていう形なんですけど。それと、ちょうどその頃、こういう小さい店にしては珍しく優良法人格になったんです。そうしたら、お金はいくらでも貸しますよって言う人がいっぱい出て来たのも、店を増やした要因の1つかもしれない。

宇田川　バブルの頃は銀行も金を貸したくてしょうがないわけだから。

石鍋　僕自身はお金を借りるのが嫌いだから、基本的に銀行から借入したのは最初の頃くらいですよ。店を始めて一番借りづらい時に300万くらいをね。お金が余ると税金を払わなきゃいけないからというので、半年に1回、お店の内装工事だとか模様替えだとか、いろんな工事をしてすごく無駄なお金を何億も使ったわけ。それだったら、新しい建物を作って商売したほうがよっぽど良かったんだけど、当時はそんなに儲かると思ってなかったし、税金のシステムとかも知らなかったし、非常に真面目にやってたんですよ。だから、最年少に近いくらいの優良法人格だった（笑）。

宇田川　92年頃にバブルが弾けても、石鍋さんの勢いは止まらなかった。

石鍋　経営はうまくいってたんですけれども、本店はだんだんお客が減ってきて、最終的にはスタッフをみんな辞めさせて、別々に他のお店に行かせた。お店も古くなったし、地震があったら建物がダメになるし、これ以上お金をかける気はないから、スタッフにはとにかくやめろと。でも若いスタッフは、「自分たちはそんな見方しかしてもらえないんですか？」って訊くわけ。そうじゃなくて、新たにやるには何かしなきゃいけないんだから、とにかくここは危ないからやめろって。で、お店を完全に閉めた1週間後に屋根がボコンと落ちた。

宇田川　「クイーン・アリス迎賓館」を出したのはいつですか。

石鍋　92年かな。黒柳徹子さんのお母さんから、もし良かったらうち使いなさいよって言われて。最初は、こんなでっかい立派なところをレストランで使ったら悪いからいいですよって断ったの。レストランで使ったら、結構ボコボコになりますよって。そうしたら、「いや、徹子も住まないって言ってるし、私だってお金が欲しいから貸したい。大使館に貸そうかと思ったんだけど、大使館は戸締りが大変だからと言われたし」って。それで「クイーン・アリス迎賓館」を出したんです。

宇田川　インテリアがカリフォルニア風っていうか地中海風な感じだったけど、最初からそのコンセプトを目指してたんですか。

石鍋　そうですね。2000年には返却する予定だったんで、そんなにお金をかけられない。でも、レストランに直しただけで2億円ぐらいかかっちゃった。迎賓館では、たくさんの人に喜んでもらいたいという気持ちがあって。ちょうどブライダルが始まってきたかなっていう頃で、いわばレストランブライダルの先駆けみたいなもんですよ。それが大当たりした。ブライダルも含めて、1日大体2000人。すごいでしょ?テレビ番組の「ワールドビジネスサテライト」に出ているような人たちが統計を取って、こんな場所でも経営がうまくいくんだって驚いてた。

宇田川　例えば「ヴェトナム・アリス」なんかはどういういきさつで出店したんですか。

石鍋　「ヴェトナム・アリス」っていうのは、もともと寿司屋が入ってた店だったんです。そこのオーナーが夜逃げしちゃったから、プランタン銀座の社長が、「うちも少しお金を出すから、あなた助けてくれない？」と。とにかく、和っぽいのはやめてフランスっぽい店にしましょうって言う。じゃあ、フランス領だったベトナムにしようと。ベトナム料理だったらそんなに内装をいじらなくても、寿司屋のままでもある程度できるから。そう言ったら、「お願い」って頼まれちゃったわけです。それで開店したら超人気。工事に１００万円しかかけなかったし、20坪くらいしかないのに、１日に１５０～２００人くらいお客が来てたのかな。いつも並んでるんですよ。

ホテルをプロデュース

宇田川　その後、95年に「クイーン・アリス大使館」を立ち上げましたね、フランス大使館の隣に。しかしまあ、臆面もなく「大使館」って名前を付けたよね（笑）。

石鍋　分かりやすくていいでしょ（笑）。建物自体は、もともとあるビジネスマンが、バブルの頃に迎賓館を作りたいと、30億円くらいかけて造ったもの。それで大使館の参事官だとかがみんなうちに来て、店を開いてくれないかと。フランス大使館で応援できることは何でもやりますからって言われて。

宇田川　「パンパシフィック横浜」（現・「横浜ベイホテル東急」）のプロデュースをしたのは、何か特別な思い入れがあったんだろうと思うけど、ホテルで働いてる人って基本的にサラリーマンじゃない？

石鍋　そうなんですよね。考えられないくらい気を遣ってますよ。人間関係もそうだけど、書類だとかいろいろ用意しなきゃいけないとか、そういうつまらないことから数字のことから、驚いちゃうくらい。そんなんじゃ死んじゃうよと（笑）。

宇田川　そういう状況が分かっていたにもかかわらず、なぜ引き受けたの？

石鍋　横浜生まれだから。いや、僕は別に組織の中に入るわけじゃなくて、総料理長として料理をまとめてんのは僕です、という形だけだから。

宇田川　スーパーバイザーのような立場ですね。

石鍋　パンパシフィックの社長をやってた人がね、ホテルのレストランは外部のちゃんと経営できる人に任せたほうがいいということで。

宇田川　それは非常に珍しいケースでしょ？

石鍋　珍しいですね。あそこのホテルは、それを全部統括しながらきちんとやっていく。日本一なんですよ、80坪で10数年間も売上が4000万円を切らないなんて。そんなレストランよそにない!

宇田川 街場とホテルのコラボレーションだね。そうはいっても、実際問題として多くの料理人やサービスマンを使うわけでしょう。石鍋さんは街場でずっと長くやってきた人だから、それなりに気苦労があっただろうと思うけど。

石鍋 それを言ったらきりがない(笑)。自分の目を会社のほうに向けてるんじゃなくて、お客のほうに向けない限り、お客が喜ぶようなことはできないわけですよ。何よりもお客が入らないと売り上げは良くなりっこないんだから。僕が入った最初の年の12月25日に宴会場はカラだった。お前らバカかって思いましたよ。それに気がついたのが12月の初めで、残り20日間くらいしかないわけです。とにかく1万円でいいから、20日間で200~250人集めようと考えた。1人1万円で5000円未満のクリスマスプレゼントを1個ずつ持って来てくださいとアナウンスして、面白おかしくパーティーをやった。帰りに1つずつ持ち帰ってくださいというパーティーで、大ウケ(笑)。翌年のパーティーは1万5000円にして、お土産はホテルで用意しますっていう話になって、さらに翌年は2万円になった。本来は仕事がいっぱいあるのが普通のことで、テーブル数が40あるとしたら、経営者は40席フルに入った前提で計算している。客が8割入るならまあまあいいって思えるかもしれないけど、20%はいつも赤字。本来は

100%入ってもゼロで、1・5回転して初めて、その0・5回転分の利益をみんなで分配する構造ができる。そういう風に考えない限り、いつまで経ってもプラスにならない。仮に宴会場が4室あって3室が空いてたら、人件費を払わないで済むとか、電気代がムダにならないから大して変わらないと思ったら大間違い。じゃあ、お前の給料はどうするんだよと。まあ、そんなくだらない話をしながらやった覚えはあります（笑）。でも、その考え方を大企業に求めていいのかどうかって、今は分からないけどね。

宇田川　自営業とは基本的に考え方が違う。

石鍋　結局、他人のところでやってる時には、人間死にもの狂いにならないからさ。ホテルは本来、場所的にいいところにあるわけだから、きちんとやっていけば確実に客は入るわけなんだけど、それをきちっとできないのは、やっぱり目線が足りないんですよ。例えば、10数年ぶりにリニューアルしたいって言うんだけど、それに対してちょっとやっても5000〜6000万、もうちょっと一生懸命やっちゃうとすぐ1億ぐらいかかっちゃうじゃないですか。それを取り戻そうとするとめちゃめちゃ大変なんですよ。そんなことしなくても、もっとうまい方法で違うところを直して、トータルで売り上げを伸ばしたほうがいいと思うのに、また金かけんのかよと（笑）。でも、平気でそういうことをやっちゃうんですよね。

宇田川　総合的な視点を持たないと組織はやっていけないのでしょう。

29店舗→ゼロへ

宇田川　石鍋さんは、普通のグランシェフのような事業展開は絶対にしたくないと言ってたけど、それはどういうことなの？

石鍋　一般的に言うと、フランス料理をやって、それをベースにカフェをやって、パティスリーをやってという形で広げていくんだけど、それはやりたくなかったの。ちゃんと企業管理しないと収支を取れないから、高学歴できちっと会社っていうものが分かった人間がやらないと無理になってくる。そのために銀行とかいろんな人に来てもらって会社を作って、フレンチ、イタリアン、中華、ベトナム、パティスリーと7部門くらいに増やしたんです。年間売り上げは250億円ぐらいまでいった。ところが、そうやっていくと銀行の奴は懐に金を入れるし、こっちは数字を出されても分からない、読み切れない。これ以上やっていてもしょうがないと。ほんとはそのまんまどっかにパッケージで売っちゃえば、相当な利益はあったんですけど、そういう無責任なこともできないなあと思って。でも、どんどん広がっちゃったんですよ、自分の意志とは関係なく。

宇田川　それはどういうことですか。
石鍋　他からの要望が強いからそういう形でやってしまったっていうこと。ほんとはそんな面倒くさいこと一生懸命やる性質じゃないから、実は嫌なことばっかりでね。人を切り刻むことが多いんで、もう全部やめようと。
宇田川　人を切り刻むって具体的にはどういうこと？
石鍋　部門ごとにそれぞれ別会社にしてたわけだから、それぞれの会社の中の金銭問題の不正だとか、無駄遣いだとかね。それこそ利益が出てるからって年間に5回も6回も旅行に行っちゃうとか。定期的に返却するものが終わってからだったらいいけど、そうじゃないうちにそういうことをやってると、何か腹立つじゃない（笑）。とにかく、自分たちがやりたいことを大いにやって、それで会社を伸ばしていく分には、いくら給料を払おうが何だろうが自由だよね。ただ、赤字を出すというのは最悪なんだから、そういうことのないようにとは思っていたんだけど、やっぱり経営が放漫になると数字をごまかしていくっていう話になってくる。
宇田川　ビジネスは難しい面がありそうで、私みたいないい加減な人間には一番向いてない（笑）。株式会社だから、株は公開しなきゃいけないわけでしょ？
石鍋　すべて公開です。でもうちは優良法人でしたから、そこが唯一の救い。もし何かあったら、全部税務署に調査してもらえばいいから。誰か悪い奴がいるわけだから……。

宇田川　料理人と経営者の能力って、本来はアンビバレントなものだからさ。

石鍋　だから、経営陣としてね、銀行とか証券会社とか、いろんなところから入って来た人間はみんなクズだったということですよ。税務署から入って来たりする人間も本来、公の仕事をしてるんだから、絶対そういう悪いことやっちゃいけないのに、そういう人間ほど悪党が多いっていうこと。それでいけしゃあしゃあとしてる（笑）。

宇田川　石鍋さんのパーソナリティを考えると、ビジネスと結びつかないものも感じるけどね。最盛期は29店舗まで拡大しましたね？

石鍋　そうですね。僕の場合は意外と早くから始めてるから、必要ないものにもトライしたんです。今考えたらほんとにバカみたいにお金使いました。まあ結局、死に金（笑）。そういうお金をずっと垂れ流してたから、これからもそんな状態が続くなら最後はやめようと思って、どんどん小さくまとめていって、ゼロにするのに5年かかりました。

宇田川　そういう気持ちになったのはいつ頃からですか。

石鍋　59歳くらいで病気してからですね。本当は60歳で全部終わりにしたかったんです。でも、ここ5年間くらいずっと残務整理。全部まとめて売っちゃえばすごく簡単ですよ。言われたんですよ何人かに、「店の従業員たちにそんなことしてやって何のためになる？

そんなもん関係ないから売っちゃえよ」って。だけど、あとあと何か言われるのイヤだなと思うから、あなたのとこはもう4000万も5000万も累積赤字があるから終わりですよっていう形で、1軒1軒調整しながら終わりにしていったんです。

「エル・ブジ」風の流行

宇田川　この数十年、フランス料理はいろいろ難しい課題を抱えてきた。日本という風土の中では、異国料理がうまく定着しないまま漂っているところがある。

石鍋　やっぱりこれは、本国フランスもそうですけど、スペインにとって代わられちゃったから。「エル・ブジ」[*27]のフェラン・アドリアの影響ってすごいと思うんです。フェランは、基本的にピエール・ガニェール[*28]のコピーのようなことをやりながら、独自の考えを持っていた。彼の頭がいいのは、時系列できちっと分けて、この年代に何を作ったっていう蓄積をびっちり書き留めてあるところ。縦の軸と横の軸をきちっと振り分けて押さえてあるから、すごく説得力がある。2000年から2010年の10年の間にやったことをボンと出して、ほら、2000年からこれやってるじゃないって言われると、みんなそれに感化されていく。すごくベースがしっかりしているから。

宇田川　90年代は普通の料理出してたんですよ、一ッ星の頃は。

石鍋　あれでは客が呼べないということで、「今の人間は体を使わないで頭ばかり使ってるから、頭で食べる料理をやったほうが受けるだろう」って。これが完璧にはまったわけですよね。

宇田川　「エル・ブジ」には何回か行ったんでしょ？

石鍋　ええ。「エル・ブジ」は合計で4、5回行ったんですけど、結局は「美味しくないよ」としか言えなくて（笑）。ただ、あの頭の構造を現実に落とし込んで、美味しく作ることができる人がいたら、世界を制覇できるだろうなっていう、そういう流れは持ってますね。

宇田川　そういう流れの中で日本のフランス料理の現状を見ると、クラシック料理と平行して「エル・ブジ」風料理も結構流行ってる。

石鍋　圧倒的な違いは、日本は世界からお客さんが来ないこと。スペインもフランスも80％は世界中から来るお客さん。そこが決定的に違うところ。日本では、お客を見つつ、日本の家庭的な雰囲気の中で情緒を出しながら一生懸命やることや、味がブレてないということとかがトータルでうまくいってれば、小さいお店のほうがうまくいきやすい。

宇田川　だけどテクニック的には日本の料理人も相当上手くなったと思う。その点は今や遜色ないんじゃない？

石鍋　ただ、びっくりするようなパンチとか、新しいものっていうのは日本の国土からは出にくいですね。うまく面白く何かやりたいんだったら、海外に出たほうがいい。だけどそういう風になると言葉の問題だとか、いろんな問題が壁になって、自由な発想のもとに料理ができるかっていうと、そうじゃないところもあったりして。

厨房の外で体験すべきこと

宇田川　先程、修業以外に、銀行やら税務署やらにも注意する必要があるという話がありましたけど、これからシェフを目指す人たちに、他に何かありますか。

石鍋　そうですね。料理はもちろんだけど、その前に畑をいじってみるとかね。花からでもいいし、野菜を作るのでもいいから、お百姓さんの収穫を手伝いながら実際に手にとってみたらいいと思う。新鮮な野菜というのは手の感触でどのくらいのものだろうとか、これは固くて食えないんだとか、これは売り物になる・ならないという形とか、美味しいのはこんなに美味しいとかいうことを知っておくべき。お百姓さんはいろいろ知ってるから。それと、海のものは海のもので船に乗ってみるのもいいし、市場で生き

台北にて。細筍を試食。

てるものを見たりっていうのもいいだろうし。あと、ものの値段も知っておくほうがいい。セリにかかる時に、型は同じでも、片方は1箱1000円。対してこれは1本1万円以上もするのか、とかいうことを、やっぱり知らなきゃいけないわけですよ。分かった上で、実際に1万円で買ったものと1箱1000円のものとを食べ比べてみる。すると形は同じなんだけど、「あっ、片方は味がない。ベチャベチャしてるだけで……」。そういうことがだんだん分かってくる。そういう風に実体験していくっていうことが、ものすごく大事。下手したら玉ねぎってどういう風にできるのか知らない子もいる。他にも、例えばワカメって、海の深さ何メートルのところに生えているのが旨いのか。流れてきたものもあるし。そういうものも1回体験すればいいわけだし。

宇田川　食材のことをよく知るためには、調理場の中であれこれ考えるんじゃなくて、実際に外に出て体験しなきゃいけないってことですね。

石鍋　体験することによって、まったく違う感性というのが出て来たりするから。

宇田川　「クィーン・アリス」を始めた時に、石鍋さんに教わりたいっていう若い子がいっぱい来たのでは？

石鍋　僕は、本当にそういうのダメ男でね（笑）。人間って一生懸命教えようとすると、当然、暴力振るったり、やっちゃいけないことはその場で言わないとダメだ、っていう

中華の脇屋友詞シェフと。スペイン・バレンシアの市場にて。

ことがあったりして。その時に僕だって辛いわけですけど、やられたほうはもっと辛いって言うわけでしょ。そうすると教えないほうがいいのかなと。だから、自分で好きなようにやっていいよと。ただ、根本的なことは教えます。小さい店で魚を1日1尾しか下ろさないのと、毎日10尾も20尾も決められた時間で下ろすのとでは違う。当然時間の制限があるわけだから、自分が魚屋になったつもりで、いかにすばやく掃除をして下ろせるか、そして無駄がないようにできるかっていうことを考えないといけない。あと、焼く場合には、何ミリの鉄鍋を使ってどの温度で何分焼けば、確実に焦げないで焼けるのかとかね。そういう風に積み重ねていくと、音を聞いてるだけで分かるようになるし。他には、例えばフォン・ド・ヴォ。ダシの引き方は

1000通りもないけど、灰汁を引きながら何時間も火にかけてっていう古典的な方法の場合は、子牛のスジや骨を塊のまま使うから、やっぱり3、4時間かけないといいダシは出ない。ところがそんなことをしなくても、骨やスジを親指の先くらいの大きさにして使えば30分以上かける必要もないし、香りがあるうちに終わらせられる。だから、それぞれの良さを自分でやってみろと。みんなにバレないように朝早く来るんだったらそうすればいいし、みんなで研究しようと思うんだったら日中にでもやればいい。でも、誰もいないところで1人でやったほうが確実に覚えられるよと。

宇田川　そういうもんですか。

石鍋　そんなもんですよ。だって、文章書くんだって同じでしょ？　夜中に1人でやったほうが効率が上がる。何でも同じだと思いますけどね。

心の栄養を蓄えるレストランを作りたかった

宇田川　いろいろ経験して今の年齢になって、じゃあ、仮にこれから新たに1軒やろうと思ったらどうします？

石鍋　僕が目指していたのは、町内に1カ所でいいからあるといいなぁという様な、緑

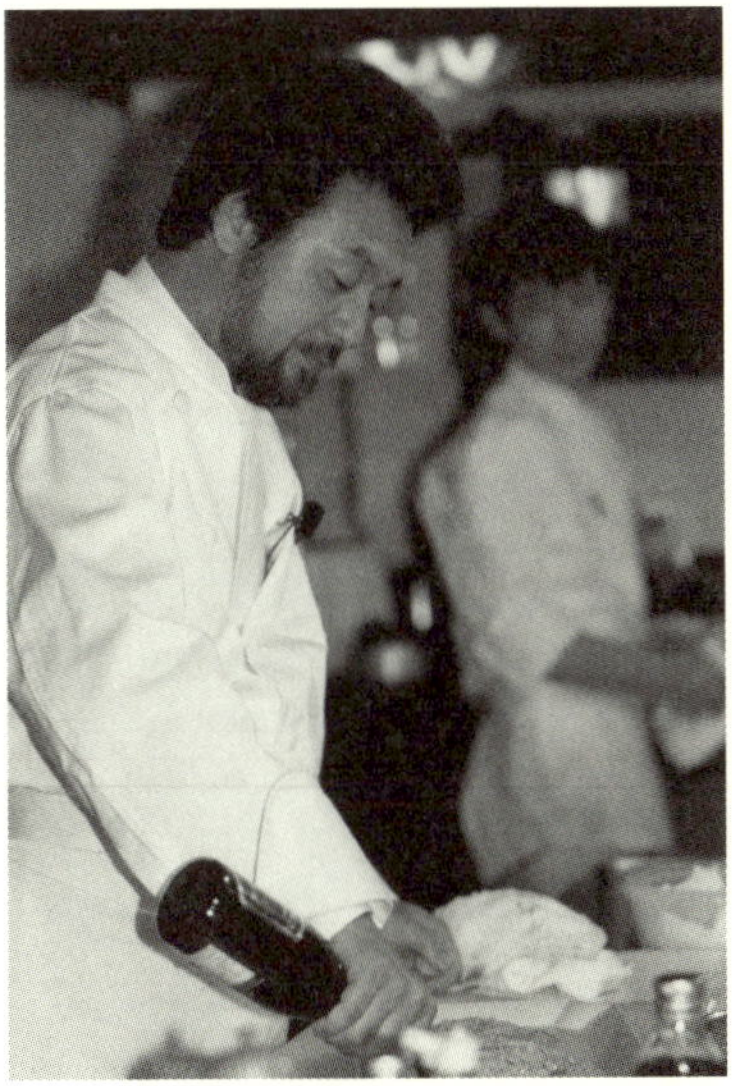
90年代、料理講習会にて。

のある洒落た空間。ちょっとデザイナー的な椅子やテーブルがあって、絵が飾られている、そういう空間で、食事ができたり、お茶が飲めたり、本を読んだりできる。そういうものを各町に作りたかったんです。例えば、マンションに住んで普通のサラリーマン的に生きてる人にとってみたら、そういう大きな空間でゆっくり時間をかけて食事をするとか、木を見るだとか、絵を観賞するだとか、調度品を見るっていうのは、なかなか難しいことだと思う。だから、その代償として少しのお金を払わなきゃいけないけど、お金よりも大切な時間を共有できるっていうところが、特に日本人にとって必要なものだなと。いわゆる心の栄養を蓄える、そういうレストランを作りたかったんです。

宇田川　石鍋さんの生まれ育った横浜や幼い頃の環境なんかも影響している？

石鍋　ええ。小さい時の横浜の居留地の外国人、山手の外国人の家だとか、そういうところでご馳走になった時の思い出が、今の自分を作っている。そういう風な心の余裕ですね。気持ちが大きくハートが大きくなって、いろんなことが進められるっていう空間が、僕のやりたいレストランの本当の姿ではあるんですけど。ただ、そんな考えを共有できる人間が意外と少ないんですよね。北欧チックな形のところだったら、北欧的な家具と食器と雰囲気。その料理も非常にシンプルな形で食べられたり。ちょっと田舎だったら田舎風のポタージュを出したり、素朴な野菜料理とかが食べられたり。都会だったらファッショナブルな金髪のカツラとかをドレスコードにして、面白いことをやるとか。そういう選ばれた空間でいいものを食べるっていうようなものを、基本的には一番やりたいんだけど、そういうイメージを共有できるコックさんがあまりにも少ないので。

宇田川　そうしたイメージの共有が一番難しいのかもしれない。

石鍋　だから、映画を観ろってよく言うんですけどね。映画を観たり、テレビを観るのが大事だと。本来、レストランっていうのは料理の中身だけを競ってるんじゃなくて、楽しみだったり、喜びだったりするわけだから。

宇田川　エンターテインメントとしてのレストランが理想形だと。

石鍋　それになりきってくれたほうが、お客さんとしても楽しいんだけど……。でも明治の時代にね、あれだけヨーロッパのものが入ってきた時に、「鹿鳴館」だ「帝国ホテル」だって、ああいうものが出来たわけだから、出来ないわけはないと思うんです。

註

P.9　＊1 **サリー・ワイル**（1897〜1976）
スイス人のシェフ。27年に横浜に開業した「ホテルニューグランド」の初代総料理長として、パリのホテルから招かれ来日。以来約20年間、日本の西洋料理界に多くの革新をもたらした。

P.15　＊2 **秋山徳蔵**（1888〜1974）
大正〜昭和期における宮内省（現・宮内庁）の主厨長。天皇家の食卓や宮中行事の料理を取り仕切るばかりでなく、日本における西洋料理の普及にも大きく貢献した。

＊3 **サヴァイヨン**
卵黄に水、ワインなどの水分を加えて、湯せんにかけながらとろりと泡立てたもの。各種ソースのベースとなるほか、砂糖や香料を加えて菓子にも使う。

P.17　＊4 **大阪万博**
70年3〜9月、大阪府吹田市の千里丘陵で開催されたアジア初の万国博覧会。東京五輪に次ぐ国家行事として、当時、史上最大の規模で行われ、77カ国が参加、6400万人以上が訪れた。

P.23　＊5 **ジャン・ドラヴェーヌ**（1919〜1996）
パリ郊外のレストラン「ル・カメリア」のオーナーシェフ。ミシェル・ゲラール、アラン・サンドランスなどが彼のレストランで学び、多大な影響を受けた。

註

P.23
*6 レイモン・オリヴェ（1909～1990）
パリの三ツ星「ル・グラン・ヴェフール」のオーナーシェフ。70年の大阪万博ではフランス館のレストランを取り仕切った。

P.25
*7 五月革命
68年5月にパリで勃発した反体制運動。自由と平等と自治を掲げた約1千万人の労働者・学生がゼネストを行うなど、政府に対して第二次大戦以来の危機をもたらした。

P.34
*8 井上旭《のぼる》（1945～）
21歳で渡欧し、スイス、ベルギー、ドイツのほか、フランスの「トロワグロ」「マキシム」などで修業。帰国後は「銀座レカン」などを経て、現在は「シェ・イノ」など数店舗を展開。93年の東京サミットでは晩餐会を担当した。

*9 熊谷喜八（1946～）
「銀座東急ホテル」でキャリアをスタート。セネガル、モロッコ日本大使館料理長を歴任し、渡仏。パリの「マキシム」「パヴィヨン・ロワイヤル」などで修業後、75年に帰国。葉山「ラ・マーレ・ド・茶屋」を経て、87年にレストラン「KIHACHI」をオープン。

*10 オーギュスト・エスコフィエ（1846～1935）
それまでのフランス料理の技術を簡素化・体系化し、過剰な装飾を廃止したほか、料理人の地位向上に貢献するなどの業績を残した。ここでは彼が築いたクラシックなフランス料理のこと。

P.36
*11 ポール・ボキューズ（1926～）
国際的な知名度をもつ現代フランス料理界の重鎮。65年に得たミシュランの三ツ星を50年近くにわたって維持している。70年代にはヌーヴェル・キュイジーヌの旗手として活躍。

P.40
*12 ヌーヴェル・キュイジーヌ
70年代以降、ポール・ボキューズらが創作した、一連の斬新な調理方法・サービスのスタイル。

*13 アレクサンドル・デュメーヌ（1895～1974）
32年にコート・ドール県ソーリューにホテル・レストラン「ラ・コート・ドール」を開店。51年にはミシュランの三ツ星を得た。

*14 ショ・フロア
加熱した肉や魚にソースをかけ、ゼリーなどで艶を出した料理。

註

P.42

＊15 **クロード・ペロー（1931〜）**
ヌーヴェル・キュイジーヌの旗頭と言われた、パリの三ツ星店「ヴィヴァロワ」のオーナーシェフ。掃除を料理と同じくらい重視するなど、一風変わった経営哲学で知られた。

P.43

＊16 **トロワグロ**
フランス・ロアンヌにあるオーベルジュ（宿泊施設のあるレストラン）。30年に両親が創業した店をジャンとピエールのトロワグロ兄弟が受け継ぎ、68年以来三ツ星を維持。現在は三代目のミッシェル・トロワグロが経営している。

＊17 **ペール・ビーズ**
フランスとスイスの国境近く、アヌシー湖のほとりにあるオーベルジュ。51〜82年までミシュランの星を維持。

＊18 **ムーラン・ド・ムージャン**
ロジェ・ヴェルジェが開いた、南仏コート・ダジュール近郊にあるオーベルジュ。

＊19 **エーベルラン**
フランス・アルザス地方の三ツ星レストラン「オーベルジュ・ド・リル」を経営するエーベルラン兄弟のこと。ここでは「オーベルジュ・ド・リル」のこと。

P.44

＊20 **ムニュ・デギュスタシオン**
多種類の料理を少量ずつ提供するスタイル。小皿料理。日本の懐石料理に着想を得たスタイルであり、ヌーヴェル・キュイジーヌの革新の1つ。

P.47

＊21 **ベルナール・パコー（1947〜）**
「ヴィヴァロワ」などで学んだのち、パリに「ランブロワジー」をオープン。88年には三ツ星を得る。スペシャリテである赤ピーマンのムースは非常に有名。

＊22 **アラン・サンドランス（1939〜）**
パリの三ツ星レストラン「ルカ・キャルトン」のオーナーシェフで、70年代にはヌーヴェル・キュイジーヌの鬼才と言われた。05年には堅苦しさのないレストランを目指し、ミシュランの三ツ星を返上、評価なしの店として再スタートするも、06年には二ツ星の評価を得た。

註

P.47

*23 **ミシェル・ゲラール（1933〜）**
パティシエとしてキャリアをスタート。のち料理にも手を広げ、パリ郊外にオープンしたビストロで二ツ星を獲得。のち〝キュイジーヌ・マンスール＝食べて美味しく太らない料理〟を掲げ、スパなどを併設した「レ・プレ・ドゥジェニー」の経営に携わる。

P.50

*24 **鎌田昭男（1943〜）**
レストラン「クレッセント」「銀座日航ホテル」「帝国ホテル」などを経て、71年渡欧。スイス、フランスなどで腕を磨き、帰国。「ホテル西洋銀座」の総料理長を経て、00年には「東京ドームホテル」の総料理長に就任。08年からは同ホテルの専務取締役総料理長を務める。

P.53

*25 **小佐野賢治（1917〜1986）**
戦後昭和の運輸・観光事業で活躍した実業家。

*26 **児玉誉士夫（1911〜1984）**
日本の右翼団体の実力者。政財界の黒幕、フィクサーと呼ばれた。

P.68

*27 **エル・ブジ**
フェラン・アドリアがシェフを務める、スペイン・カタルーニャ州にあった三ツ星店。極めて独創的な料理を提供し、年間約200万件もの予約希望が殺到する超人気店だったが、11年に閉店。

*28 **ピエール・ガニェール（1950〜）**
フランスの前衛的なシェフ。自身の店で92年に三ツ星を獲得したものの、破産により閉店。知人の出資を得て再び出店し、三ツ星に返り咲いた異色の経歴を持つ。

宇田川悟

×

「アルポルト」
片岡 護

片岡 護

Kataoka Mamoru

1948年、4人兄弟の末っ子として東京都に生まれる。工業デザイナーを志すが、知人の外交官金倉英一との縁により、一転、総領事館付き料理人として68年にイタリアへ渡る。公邸で5年間働き、74年帰国。「小川軒」で2年間修業し、76年から南麻布「マリーエ」のシェフを6年間務める。83年、西麻布に「リストランテ アルポルト」を開店。レストランのプロデュースのほか、料理教室、食育振興活動などにも携わっている。

借家で生計を立てる

宇田川　片岡さんは品川区の上大崎で生まれたんですね？

片岡　港区と品川区の境目で、うちの辺りって結構お寺が多いんですよ。僕が生まれた頃は、八軒長屋とかがあって、ちょうどお寺の下のさらに下のところに住宅街があった。僕の家は一軒家で、結構部屋数があったんですよ。それで僕が2歳の時に親父が亡くなって、生計を立てるために借家をやったんです。間貸しっていうか。

宇田川　お父さんの仕事は何だったんですか。

片岡　都電の運転手です。早く死んだので、親父の顔は全然知らない。僕には兄弟が4人いて、僕が一番下。一番上と3番目はもう死んじゃってて、2番目と僕は生きてる。おふくろは今年で101歳を迎えて……。

宇田川　私の学生時代には学生用の下宿がよくあったけれど。部屋はいくつぐらいあったんですか。

片岡　全部で4部屋。若い人たちが借りていたから、賄いも付いてるわけよ。だから、朝おふくろが起きて、ひっつい（かまど）でご飯を炊いたりお湯沸かしたり。そういう時代ですね。家にガスも来てるんだけど、倹約するために薪で炊いたりとかして。でも、薪で炊いたご飯ってすごく美味しい（笑）。

宇田川　冷蔵庫なんかまだあれでしょ？　木の冷蔵庫。

片岡　冷蔵庫なんかありゃしないよ。貧乏だったから。下宿人にはいろんな人がいた。ヤクザっぽいのがいたり、おかしい人ばっかりだったんだけどね（笑）。

宇田川　もちろん下宿人は他人なんだけども、そういう賑やかなところに育って、片岡さんのお母さんを中心に、疑似家族みたいにね。

片岡　そうそう。大家族のような感じでしたね。母は朝と晩、とりあえず食事を作ってましたよ。その他に生計を立てるために編み物をやってたり、金倉さん[*1]のお宅で家政婦をしたりしてたんですよ。

宇田川　あの頃は日本中が貧乏だった。自宅ではどんな食生活だったんですか。

片岡　食生活と言っても大袈裟なものじゃなくて、薪で炊いたご飯は必ずおこげができてて、それに醤油をかけて食べるとかさ。おかずはサンマの干物や沢庵、納豆とかね。あとは煮物とか、マグロのブツやいか刺しなんかのお刺身だとか。

宇田川　庶民の食べ物はそんなものだったよね。

片岡　お風呂屋の前にクジラを揚げる店があって、そこで買い食いしながら帰って来たりしたこともあったね。あと、おふくろつながりでお妾さんの知り合いがいてさ、僕は

少年時代。左が片岡さん。右は上から2番目の兄。

可愛がられていたから、彼女がハンバーグを作る日は食べに来なさいって呼ばれるの(笑)。そこのハンバーグが旨いのよ! 世の中にこんな旨いものがあるんだって。

宇田川　ハイカラなものだよねえ、ハンバーグって言ったら、当時は。

片岡　で、昔、ほらチーズをカットしたものを売ってたでしょう、6個入りのね。近所の子があれを食べてるのを見てて、「何食ってんだろう⁉」って世界ですから(笑)。

宇田川　プロセスチーズの出始めの頃ですよ。なんか石鹸みたいのをよく食うなっていう。もうねえ!

片岡　そうそう! みんなに見せびらかして食べるわけよ、そういう子は。

宇田川　たまには外食なんかしたんでしょ?

家族で月に1度とか。
片岡　そういうのほとんどないねえ。
宇田川　デパートなんか行ったことないの？　ほら、デパートの食堂なんて子どもにとっては天国みたいなもんだって……。
片岡　ないね！　まず。
宇田川　ええ〜⁉　じゃあ、お子様ランチ食ったことないの？
片岡　だからぁ、貧乏だったのよ（笑）。
宇田川　屋上に遊園地があったじゃない。
片岡　屋上はよく遊びに行ったよ。でもうちは片親だから、おふくろが働きに行っちゃうじゃん。だから兄貴たちと行くわけ。それで屋上で遊んじゃあ、帰ってくるわけよ。
宇田川　お母さん、手一杯で余裕ないわけね。
片岡　そうそう。それでね、金倉さんがある時、初めて軽井沢へ連れてってくれたわけよ。それもベンツで。途中、峠の茶屋の辺りで、釜飯を買ったりとか、ハンバーグの付いたランチを食べさせてくれんの。それがもう、美味しく感じたのよ。
宇田川　お母さんは八面六臂で働いてた。家計を助けるために、下宿をやって、お手伝いさんをやって、お針子さんもやってたもんねぇ。いろいろ掛け持ちしていたわけだ。

片岡　そんなに苦労しても１００まで生きんだからさあ、粗食がいいのかね。
宇田川　江戸明治から昭和30年代くらいまでは、そう変わらない食べ物を食ってたんだよね。主食のごはんに豆腐とか納豆とか、漬物とか海苔とか。
片岡　そうです、そうです。だから僕は学校給食は美味しいと思ってた。脱脂粉乳も美味しいと思って飲んでたんだから。みんなマズイって残すんだけどね（笑）。で、昔はコッペパンが出たじゃない。そしたら、帰りになったら先生が僕のこと呼ぶの。それで、自分が食べなかったコッペパンを僕にくれるわけよ。
宇田川　ということは先生は、片岡家は片親で苦労してるからと心配して……。
片岡　そうだと思う。兄貴は新聞配達のバイトしてたけど、僕はまだ小学生だから、兄貴にくっついちゃ一緒に配ったりしてね。

金倉さんと出会わなければ下町のはなたれ小僧だった？

宇田川　友達とみんなでどっかに食いに行くとか、そういうことはあったの？
片岡　それをしたのは、浪人時代だね。僕は高校終わって、芸大二浪したんですよ。絵画研究所が自由が丘の辺りにあったから、そこが終わってから、きしめん食いに行こうとか、餃子食いに行こうとか。結構あったのよ、安くて美味しいとこ。
宇田川　喫茶店でナポリタンなんかは食べなかった？
片岡　ナポリタン食べたよ。でも僕は、もうその頃はカルボナーラ党だったから。
宇田川　カッコつけちゃって（笑）。
片岡　友達呼んで、自分で作ってたの。仲間と紀ノ国屋に行って、カルボナーラの材料を買って来て、僕が作って食べさせてたわけ。
宇田川　だって……、当時はスパゲティと言えばナポリタンとミートソースしかなかったよ。一挙にカルボナーラに行っちゃったわけだ。おしゃれじゃない。
片岡　そう、おしゃれだよ。だからそれは、金倉さんの影響。
宇田川　やっぱりねえ！　片岡さんの若かりし頃は、イタリアンの食材はどんなのが買えたんですか。
片岡　紀ノ国屋には金倉さんのお使いで行ってたの。種類は少なかったですよ。レオーネとかブイトーニくらいかな。もちろんトマトホールなんてないわけよ。あっても東欧産のトマトホール。パルメザンチーズもないからオランダの赤玉なんですよ。ロウみたいなチーズ。オリーブオイルは香りが鼻を刺すようなもので。
宇田川　選択の余地はなかったでしょ？

片岡　そう。カルボナーラを作るにも、例のオランダの赤玉を買って来て、半分に割って乾燥させて、それを擂《す》るんですよ。それが肝。トマトソースを作るにも、東欧産のトマトで作ったものだから酸っぱい。それで、玉ねぎをよく炒めて加えるんですよ。

宇田川　高校生が生意気にそんなことをしてたわけ？（笑）じゃあ結構、研究熱心ではあったんだ。

片岡　それは、金倉さんちに行ってたから。

宇田川　お母さんは週に何回か、金倉家でお手伝いをしていたんですか。

片岡　そう、掛け持ちでその他のお宅にも行ってたから、週に何回か。僕は息子だから可愛がられてたわけ。それで、ときどき金倉さんがパーティーに行って留守にする時には留守番に上がらされて、シェリーっていう犬の面倒を見るの。そうすると、「じゃあ、マアちゃんね、これ食べなさい」って言って、いろんな食べ物を置いてってくれる。

宇田川　じゃあ金倉さんに出会わなければ、普通に下町の、はなたれ小僧だったんだ。

片岡　そうそう（笑）。今こんなになってないよ。

宇田川　で、その前に、なんで絵をやろうと思ったの？

片岡　高校の時に芸大の絵画志望の友達がいたんですよ。そいつが俺を引き込んだ。

宇田川　じゃあ絵描きになりたいっていうのは、ほのかにあったんだ。

片岡　ないよ。
宇田川　（笑）
片岡　絵描きなんかしたって食えないって周りに言われてたから、デザイナーになろうと思ったの。
宇田川　結構、現実的な感覚はあったんだね。
片岡　最初は絵だったんですよ。金倉さんの影響で、絵からデザインになっていくわけ。金倉さんは音楽会に連れてってくれたり、ビエンナーレがあったりすると、見てらっしゃいとかって、いろいろ教育されたんですよ。
宇田川　なんか見どころがあったんだろうね、きっと。
片岡　いや、どうか分からない……。金倉さんの家にはレコードがたくさんあって、家中に音楽が溢れていたの。それで留守番しながらそのレコードを聞くわけ。そうすると自然にアート系の人間になっちゃうのよ（笑）。
宇田川　ちょっとカッコつけたいしね、若いからさ。
片岡　そうそう、カッコつけたい時期だし。ヴェルディの四季とか、メンデルスゾーンやベートーベンの交響曲とかさ。
宇田川　じゃ、ちょっと芽生えちゃったのね、西洋文化に。そこに出てきたのがカルボナーラ。

片岡　おふくろが金倉さんちで作ってもらったカルボナーラを食べないで、うちに持って帰ってきて、おやつに食べなさいって置いといてくれたのが始まりなんです。名前も知らなかったたし、「これ何なんだろう⁉」って。うどんみたいだし、上にチーズがかかってるしって（笑）。

宇田川　お母さんは、カルボナーラなんて横文字だから言えなかったんだろうね。

片岡　うん。スパゲティ、もらったからって。

デザイナー志望からからコックの道へ

宇田川　金倉さんの自宅には頻繁に行ってたの？

片岡　行ってましたね。何々があるから食べにおいでっていう感じですよ。だけど金倉さんは、途中でメキシコに赴任しちゃうんですよ。一等書記官かなんかで行って、帰国してから今度はミラノへ。それがちょうど芸大受ける前だったんですよ。今度落ちたら三浪目っていう時に、「今度落ちたらミラノへコックとして来なさい」って言われた。そしたら案の定失敗しちゃって、「すみませんイタリアに行きます」って言ったら、金倉さんは「そんなつもりで言ったんじゃない」って（笑）。

宇田川　（笑）

片岡　要するに、芸大受験するのにね、気が楽になるように言ったんだと。だからもうミラノに行くコックも決まってたの。それをキャンセルして僕を連れて行っちゃった。

宇田川　人生の岐路だよね。

片岡　そうです。デザイナーになるか料理人になるかってすごく悩んだんですよ。いろんな人に相談した。そうしたら、絵画研究所の先生で芸大から教えに来てた人がいて、その先生が、「片岡君、デザインも料理も同じだよ。料理は皿の上にデザインするでしょ。同じ創作するものとしては変わりないから、どっちやったっていいよ」って。「じゃあ、僕は包丁にします！」って、即断しちゃったんです。

宇田川　その一言が背中を押してくれたと？

片岡　押してくれたですねえ。

宇田川　金倉さんとしては、芸大落ちちゃったからっていう、救済の気持ちもどっかにあったかもね？

片岡　僕のほうが使いやすいと思ったんじゃないかな。それに食べ物に関しては、美味しいものは美味しい、マズイもんはマズイってはっきり言うほうだから、この子はもしかしたら、コックとしていけるんじゃないかなと。もしダメだったら、途中で帰そうという気持ちだったみたい。ともかく、料理は素人だから日本で少し覚えろって、「つきぢ田村」に紹介で入ったわけです。

宇田川　金倉さんとしては、片岡さんを「つきぢ田村」へ修業に出したってことは、何か意図するものがあったんですか。

片岡　意図するも何も、もともと総領事館とか日本大使館は国の出先機関じゃないですか。だから接待は日本料理なの。

宇田川　それで、まず「つきぢ田村」で修業しなさいと？

片岡　だけど働いたのはたった3カ月（笑）。素人だし、まともに包丁だって持ったことないんだから、かつら剥きなんてできるわけない。それでも3カ月やれば大体のことは分かるからって。入ったら入ったで、「厨房の端のほうで、刻みやってなさい」って言われて。

宇田川　まず教えてくれたことは？

片岡　「無駄を出すな」っていうこと。だから、ゴミ箱は犬猫が漁らないくらいゴミがない（笑）。

宇田川　伝説の類いだね。

片岡　それくらい無駄がない。昔の話だけど、僕のいた頃に、デザートでグレープフルーツを出してたの。身をデザートに使ったあと、皮は表面をきれいに剥いて、中心のとこだけにして蒸すんですよ。で、蒸したものを甘露煮みたいに甘く煮て、バッンと半分に切って突き出しに出すわけ。人参だってそう。人参の皮を全部集めて煮て、寒天で羊羹にすんのよ。

宇田川　見事にゴミなしだ（笑）。じゃあ、イタリアに行く前の武者修業は、「つきぢ田村」で3カ月だけ？

片岡　そう。金倉さんは自分でも料理をする人で、奥さんと2人揃って食通なんです。

宇田川　片岡さんが浪人していた70年前後は、まだイタリア料理もフランス料理も西洋料理の範ちゅうでひとくくりにされてた時代。イタリアンなんて言葉もなかったし。「キャンティ」ができたのが60年。他に「シシリア」とか「ニコラス」とか数える程度。

片岡　僕は全然行ってない。金倉さんは通ってたと思うよ。でも、行く必要ないって言われたんですよ。それで、金倉さんがイタリアに行く前に銀座の「浜作」に連れて行ってくれて、オコゼのお刺身を食べさせてくれたんですよ。それから金倉さんの好きな鯛茶。だから、イタリア時代にも鯛茶はよく作りましたよ。

宇田川　要するに、日本料理をちゃんと見ておけと。

片岡　洋食は私が教えるって感じですよ。

宇田川　イタリア料理なんてまったく知らずに行っちゃったわけですね。イタリアに行く前に、イタリア語を勉強するとか、イタリア文化を知るとかなかったの？

片岡　全然。だけど金倉さんちに行ってたから、少しはイタリアの情報を知ってたの。高校時代からカンツォーネをよく聴いたし、イタリア映画も随分観た。[*2]モニカ・ヴィッティなんて好きな女優だったのよ。他に[*3]ジーナ・ロロブリジーダと、あと[*4]アンナ・マニャーニとかね。

1968年、費用ゼロでイタリアへ

宇田川　その3カ月の修業が終わって、すぐにイタリアへ出発しちゃったんですか。昔は家族とも水杯《みずさかづき》を交わさなきゃいけない時代だから、気持ちの整理とかいろいろ準備があるでしょ。それともポッと行っちゃったの？

片岡　もうポッと行っちゃったの。

宇田川　領事のお抱え料理人ということは、全部公費ですか。

片岡　そう。公用パスポートも用意してくれて、金倉さんが全部やってくれた。僕は何

上　イタリア赴任後、住まいでもあった総領事館の前で。

下　金倉総領事（一番右）ほか総領事館の人たちと。一番左が片岡さん。

もしなくてよくて。

宇田川　片岡さんがイタリアに行ったのは68年。60～70年代に日本からフランス修業に出た人は、石鍋裕さんを始め、99％の人は自費で行ってる。当時の飛行機代は片道で28万円前後。一生懸命アルバイトして、苦労して金を貯めて行ったわけですよ。あなたは何も苦労しなかったんだ？

片岡　全然。お小遣いもらってた。

宇田川　（笑）だけど、税金を使って行くことに抵抗感はなかったの？

片岡　全然ない。

宇田川　プライドとかは？

片岡　あるわけないじゃん、んなもん（笑）！

宇田川　68年といえば、フランスは五月革命、日本も全共闘[*5]なんかで、世の中騒然としてたじゃない。そういう雰囲気は知ってたよね？

片岡　そうそう。でも、学生運動やるなんてばかな連中だなと思ってたよ、俺は。もしそういう風に、国のために何かするんであれば、僕は料理をしたり絵を描いたり、デザインしたりして、世の中のために尽くそうと思ったんですよ。

宇田川　なるほどね。ともかく、そこからミラノ生活が5年ほど始まるわけですね。日本から関係者がよく来たんでしょ？

片岡　はい。もともと金倉さんは若い時にローマの日本大使館にいて、その時にローマの日本文化会館を作った人なんです。それで、その当時、芸術を学びに来てた日本の人たちをみんなお世話したんですよ。その中に声楽家の五十嵐喜芳[*6]さんもいて。でも大変なんですよ、金倉さんは清廉潔白な堅い人だから。公費と私費の区別をちゃんと守りなさいって。トイレットペーパー1つまで分けるからねぇ！

宇田川　それは、下で働いてる人は辛いねぇ（笑）。

片岡　辛くないの。僕はそれが、すごく勉強になったです。

宇田川　え、だってイタリアだよ？　モラルなき国だよ（笑）？

片岡　うん（笑）。だけどすっごく素晴らしい人で、総領事館にいろんな人を呼んで、パーティーするんですよ。ほんとにいろんな方と親交があって。

見よう見まねの料理修業

宇田川　ミラノに行った当初はどんな料理を作ってたんですか。

片岡　日本料理。まず前菜を作るじゃない。それからお椀、お造り、和え物、焼き物、煮物、揚げ物と、一通り出すわけです。でも、外国の人が好きなのは大体決まってて、まず天ぷら、あと焼き鳥、おでん、すき焼き、蒲焼き、寿司。

宇田川　「つきぢ田村」の3カ月で覚えたものを、見よう見まねで作っちゃったわけだ。

片岡　公邸には鰹節が一斗缶の中にガッサリ入ってたんだよ（笑）。昆布もめちゃくちゃたくさんあってさ。前のコックが日本から大量に仕入れてたから、味醂もお酒も何でもある。そういう食材のいいのがあるから、腕がなくても美味しくできちゃうわけよ。

宇田川　国の金を使えるってのは贅沢だね。だけど実際問題として、かつら剥きとか、天ぷらとか蒲焼きとか、それまで作ったことはあるの？

片岡　やったことないですよ。鰻の下ろし方なんて全然知らない。

宇田川　公邸で招待客に日本料理を振舞ってたわけだけど、相手が外国人だったら特別に調理技術は必要ないでしょ？

片岡　外国人だけじゃない。日本から政治家とか経済人とか、皇室からも来るんだから。

宇田川　外国で日本料理を食べられるってことは嬉しいわけだよね。

片岡　そうそう。ところがさ、面白いことに、みなさん僕に、「どこの料理人ですか？」って聞くんだよ（笑）。

宇田川　騙しのテクニックじゃない（笑）。

片岡　（笑）だから僕は、人間の舌なんて分かんないなと思って……。でもね、そういうのは金倉さんがちゃんと教えてくれたのよ。もう毎日チェックだから。1週間のうちお客さんは1回か2回で、あとは全部トレーニング。メニューがマンネリだとか言われてたから、結構いろいろ考えて……。

宇田川　肝心のイタリア料理はどこで覚えたんですか。

片岡　ミラノのいろんなレストランに研修に行かされるんですよ。金倉さんが食べて美味しい店にね。金倉さんが、「公邸のコックをよろしく」とお願いすると、じゃあどうぞ来てくださいって、すぐに入れてくれるんですよ。

宇田川　「つきぢ田村」の厨房で驚いたように、イタリアの調理場でもいろいろ驚いたんじゃない？

片岡　それが全然ないんだよね。だっていい加減だもん、イタリア人の仕事。素材の違いとかには驚くけど、パスタにしたって、日本でやってるから自分でできるじゃない。

宇田川　とりたてて難しい料理じゃないから。

片岡　そうなの。イタリア料理でも高級店の「マルケージ」[*7]とかだったら話は別ですけど、そうじゃなくて普通のレストランだったら、やることはもう決まってるわけですよ。グリルにしたり、ボイルしたり、和えたり、マヨネーズ作ったりとかっていうような程度でね。煮込みなんていうのは、女中さんの作った煮込みのほうが旨いしね（笑）。だからそういった意味では、レストランに食べに行くのは、どういう料理を作っているのかっていうピックアップをするため。面白ければ、これはいただき、これはいらないってなる。だから、いろんな店に行ったわけですよ。

宇田川 ピンキリまで行ったと。「マルケージ」のクラスも行った？

片岡 行きました。庶民の店も行ってたけど、一番勉強になったのはフレンチですね。ミラノに「グルメ」っていう店があったんですよ。フランス風の高級イタリア料理。「グルメ」は公邸に仕出しをしてて、そういう関係で入れてもらったんです。

宇田川 グルメってフランス語だもんねえ。ビストロ的なイタリア料理とは全然違ったんですか。

片岡 ソースのベースが違う。例えばベシャメル・ソースを作るにしても、スゥーッと柔らかめにする。そのベシャメルをかけてグラタンにするわけですよ。イタリアの普通の店はそんなことしない。それとか、リゾットをミラネーゼ（サフランを加えた黄色いリゾット）にするじゃない。それをリゾット・アル・サルト[*8]とかにする。薄く焼いて返すんだけど、これはすごく難しいんです。パスタも乾麺じゃなくて、みんな手打ちですよね。

総領事館の厨房で。

宇田川　ところで、金倉総領事の食生活は?

片岡　昼はイタリア料理、夜は日本料理なんですよ。それを毎日やる。

宇田川　家庭料理を作ってるところって見たことある?

片岡　いや、行ったんですよ。金倉さんが、「あそこの家はピエモンテの出身だから、バーニャカウダを教わって来なさい」とかって言うわけよ。バーニャカウダの作り方もいろいろあるんだけど、ミラノとかピエモンテは、バーニャカウダを作る時に必ずバターも一緒に入れるの。コクが出て美味しいから。そういう風に、料理を見にあっちこっちの家庭に行って。

宇田川　そこで得た知識は全部公邸で披露すると?

片岡　そうです。で、作ったら、こんなのダメ、あんなのダメって、毎日ダメ出しですよ。大体金倉さんは、まずいものを食うとすぐ不機嫌になるんだよ。

宇田川　そういう厳しさは料理人にとっては必要なことでしょう。でも、その頃フランスで料理修業していた日本人に比べたら恵まれすぎてる（笑）。

片岡　レストランだって、総領事館のコックって言うと、みんな喜んで入れてくれて、何でも教えてくれる。それを帰って来てみんなメモってさ。でも、ときどき労働監督局が見回りに来る。僕は正規の立場じゃないから、何かあったら店としては困るわけ。そういう時は、「カタオカ、申し訳ない。お前がいるとこの店潰れちゃうから、ちょっと休んでくれ」って。それで大使館のほうで労働許可証を取ってもらったんです。

宇田川　フランスで修業していた日本人は、労働許可証を取るためにどんなに苦労したことか。調理場でみんな奴隷のように酷使されながら、フランス人に無視されながら、耐え忍んで大変だったのよ。まさに残酷物語のような。

片岡　ないです、そういうこと（笑）。

宇田川　それはもう、何もかも恵まれすぎてる（笑）。

片岡　そういう特権を利用させていただいたのはありますよね。だから僕はラッキーだったたっていうことなんですよ。それは、ズルいかもしれないけど、自分の歩んできた道だからなぁ……。

俺はパスタ名人になる！

宇田川　ところで「アルポルト」の店名は、ミラノにある「アルポルト」と関係があるんですか。

片岡　関係ありますよ。総領事がよく食べに行ってて、美味しいから行けって言われて。それでどうしてもってお願いしたら、昼間来いって言われたんですよ。

宇田川　片岡さんが働いてた頃はミシュランの星が付いてたんじゃない？

片岡　一ツ星は付いていたかな。でも僕、星は全然気にしてないから。魚介類のお店で、美味しいからいつも満席だった。しかもちょっと安い。もともとイタリア人は魚介が大好きなんです。

宇田川　だけど魚介類に関しては、日本人の専売特許みたいなところがあるじゃない。

片岡　「アルポルト」は別格ですよ。素材の使い方が違う。例えばダシを取るにも、シャコをゆでて、そのゆで汁をそのまんまダシとして使うんですよ。これが旨い。東京でシャコのゆで汁なんて使わないでしょ。

ローマの「ラニエリ」での研修で。

宇田川　フュメ・ド・シャコ（笑）。それは例えば、どういう料理に使うの？

片岡　リゾット。そりゃ旨いよねぇ。

宇田川　本場イタリアで、本物の素材を使った料理をいっぱい食べ歩いたんですか。

片岡　集中的に食べて勉強しようと思ったのは、ボンゴレとボロネーゼなんですよ。ところが、いろいろ食べても感激する店が1軒もないの。なんでこんなにミートソースがまずいんだって。ボンゴレの美味しい店はまあまああるんですけど、ボロネーゼはどこもまずい。本場のボローニャに行ってもボロネーゼ美味しくないからね。結局分かったことは、ボロネーゼっていうのは、レストランで食べちゃいけないっていうことです。

宇田川　その辺の真理を発見しちゃったんだ？

片岡　美味しいのは家庭料理なんです。それで僕はミートソース食べるのをやめて、いろんなパスタを食べ込んでいくわけ。例えば、ローマに行って、すごく旨くて感激したのがボスカイオーラで、「ロモロ」って店。ボンゴレは「グロッタ」って店ですよ。僕はパスタを習いたいがためにイタリアへ行ったけれども、結局は1軒につき1つしか美味しいものがない。だから、いろんな店を食べ歩かなきゃいけなかった。

宇田川　パスタ料理は料理屋で食べるものじゃなくて、ほんとは家庭料理なんだと。

片岡　南のほうに行くと、アーリオ・オーリオ（ペペロンチーノ）みたいなもんが店で出てくるっていうことは、貧しいからなんですよ。別名スパゲティ・デスペラートという言葉がそれを表してるの。夢も希望もないスパゲティ。その当時、南のほうはバターも生クリームも見たことないような、文盲が多い貧しい地方。そういう文化圏で使われていたのがオリーブオイル。だから具の少ないパスタが美味しかったんですよ。

宇田川　ところで、パスタって言葉自体が使われるようになったのは、ここ14、15年でしょう？

片岡　そうです。僕は目標を持ったんですよ。受験に失敗して、イタリア行くって決めた段階で。目的がないと、何を勉強していいか分からないから。それがパスタなんですよ。僕は日本一のパスタ名人になって帰ってこようと思ったんです。

宇田川　確かイタリアに行く前に、紀ノ国屋で「俺はパスタ名人になる！」って大声で言ったんだもんね？　これが青春だ、みたいな（笑）。

片岡　そんな感じだよね（笑）。

勉強するんだったらフランス料理

片岡　いろいろ食べ歩きをしている時、金倉さんに薦められて、ミラノの「ダ・リーノ」というお店に行ったんです。メニューを見て、注文して、ふと隣のテーブルを見たら、なんかいろんな皿が後から後から出てくる。「えー、なんだこれ！」って思ったわけ。で、帰ってから金倉さんに、「隣の人にいろんな料理が出てきて……」と言ったら、「なんでそれ食べなかったの？」と。「いや、僕、そんなこと何にも聞いてないですよ」と言ったら、「小皿料理があの店の名物なんだよ」なんて。

宇田川　運命的な出会いでしょう？　片岡さんが「アルポルト」で始めたのが小皿料理。それが一世を風靡したわけですから。フランス料理で言う、ムニュ・デギュスタシオン。

片岡　そうそう。それを見て、僕はこれをやろうって決意したんです。

宇田川　小皿料理という発想に近づいたのは、イタリアに滞在してから何年目？

片岡　僕ね、70年前後にパリに食べに行くんですよ。やっぱり憧れのフランスだから。で、知り合いの外交官に、パリの「マキシム」に行きたいんですって言ったら、「1人で行けるわけないから、やめときな」って言われて、「いや、絶対行きます」って強がったわけ。そしたらその前に足を怪我しちゃって。それで、スリッパでマキシムへ（笑）。

宇田川　スリッパ履いて？　1人で？（笑）

片岡　でも、あんまり感激しなかったね。パリではセーヌ川に面した[*9]「ラペルーズ」でも食べた。あそこでカモのオレンジ煮を食べて、デザートにスフレ食べて……。

宇田川　その頃の「ラペルーズ」は三ツ星の全盛期でしょう。今は見る影もないけど。

片岡　別の機会に友達と「ポール・ボキューズ」で食べて、それから[*10]「ラ・ピラミッド」、レ・ボーの[*11]「ル・ウストー・ド・ボーマニエール」や南仏の「ムーラン・ド・ムージャン」へ。ボキューズに行った時はえらい感激したんですよ。

宇田川　これから怒濤の如くヌーヴェル・キュイジーヌが始まって、ボキューズ時代の到来だよね。

片岡　そうです。もうめちゃくちゃ感激したの。こんな美味しい料理が、この世の中にあるのかと思った。イタリア料理と全然違う。インゲン1本のゆで方からして違う。普通インゲンを煮ちゃうと、クッチャクチャになって色も変わるんだけど、ちゃんと芯が残って、硬さもピシッと残っていて、それでいて美味しい。これは日本料理だと思ったんですよ。

宇田川　しかも色鮮やかで。

片岡　そしたらイタリア人のメートル・ドテルが、「お前こっち来い」って、厨房を案内してくれたんですよ。ああ、こんな素晴らしい店があるんだと思って。

宇田川　じゃあ、滞在中はイタリアだけじゃなくてフランスのレストランもいろいろ食べ歩いたと。その結果は？

片岡　すごくいい経験だったと思う。だから、勉強するんだったらフランス料理って思ったんですよ。

宇田川　でも、フランス料理に行かずにイタリア料理の道へ進んだ。

片岡　ええ。それで、フランスからイタリアに帰ってきて、フィレンツェの「エノテカ・ピンキオーリ」[*12]に食べに行くわけ。25、26歳の頃かな。そうしたら、そこの料理がまた画期的で素晴らしかった。料理はムニュ・デギュスタシオンで、何皿も出てくるんですよ。で、皿ごとにワインを替える。

宇田川　当時としては珍しいスタイルだね。

片岡　そうそう。フィレンツェでもこんな小皿料理を出してる店があるんだって驚いた。

求めてるのはマンマの味

片岡　ミラノに来てからいろんな店に食べに行くんだけど、ある時気が付いたのは、僕が求めているのはマンマの味で、家庭料理だっていうことなんですよね。だから最後は、やっぱりパスタソースの味なんです。

宇田川　基本はやっぱりトマトとパスタなんだよね。

片岡　そうなの。トマトソースも、ほんとに千差万別。ミラノではバターを使うし、南のほうに行ったらオリーブオイルだけ。チーズなんかかけない。南に行けば、トマトそのものが美味しいんですよ。

宇田川　そうすると、家庭料理の地方性みたいなのがあるんでしょ？

片岡　ありますあります。例えば僕がお世話になった知り合いで、ローマに住んでる芸術家夫婦がいて、その家に料理の上手な女中さんがいてね。その女中さんが、鍋の中に肉入れて、フタして、チッとワイン入れて、またフタして、ちょっと差してと何回も面倒くさいことしている。で、「なんでそんな面倒くさいことするの？　いっぺんに入れちゃえばいいじゃない？」「ノーノーノー、そうやると、美味しくなくなるから」って。

宇田川　それが伝統的なママンの作り方になるわけですね？

片岡　なるほどと思った。ワインをいっぺんに入れたら、味がみんな出ちゃって、まずくなる。それから他のお宅に行っても、みんな同じ作り方をしている。子牛なんかも、ローストする時に水分をちょっと与えて蒸すんですよ。ソースを出さないように。ローストはそのまんま食べるんですけど、逆に手間暇かけるとまずくなっちゃう。また、女中さんがクレープを焼くわけよ、何枚も何枚も。それでラザニアを作る。クレープを1枚ずつ焼いて、それを1枚ずつ重ねていくわけ。これがまた旨い。

宇田川　これがまずかったらお話になんないね（笑）。ところでパスタの種類って、一説によれば最盛期は500種類ぐらいあったけど、昨今は市場に出荷されるのは250種程度らしい。面白いと思ったのは、この世に存在するあらゆる形のパスタを作ってるんだよね、イタリア人って。

片岡　そうです。例えば、おちんちんの形（笑）。貝でも、いろんな貝の形があるわけですよ。すごく大きなものから微小なものまで。それで、例えばジウジアーロ[*13]って有名な車のデザイナーとか、そういう人たちもパスタのデザインをするわけだから。

宇田川　イタリアのホテルに行くと、ともかく素敵だよね、ドアノブひとつでも。あのデザイン感覚って何?

片岡 そうなんですよ。ただ、機能としてそれがどう働くのかっていうことは別なのよ。

宇田川 機能としてね。そうか、デザイン性はいいけれども、機能性は別だと。それは食べ物についても言えるわけだ。

片岡 そうです。だけども、美味しいのもあるわけですよ、昔からその地方に伝わってるパスタソースと合う形のパスタが、地方ごとにあるの。例えばジェノベーゼっていったら、リングイネ。アマトリチャーナっていったら、ブカティーニなわけですよ。

宇田川 パスタソースの種類はたくさんあるんですか。

片岡 何千種類ってあります。だから、毎日365日食べるなんて屁の河童なわけよ(笑)。10年間毎日、違うもん食ったって終わらないくらい。

宇田川 じゃあ、パスタがあれば、極端に言えば一生食うものに困んないわけ?

片岡 そういうことです。だから僕は、イタリアンはパスタに始まってパスタに終わると思ってるんですよ。

宇田川 ……名言だね(笑)。イタリアってちょうど幕末の頃に、ガリバルディによって統一された。それ以前の歴史を見ると、イタリア自体がフランス領だったり、スペイン領だったり、各国に分割統治されてる。

片岡　そうです。だからもう、ごっちゃごちゃになって、やっと今のパスタがあるの。例えばシチリアは、サラセンとスペインとフランスとイタリアの4カ国が攻め入って、お互いがごちゃ混ぜになってる。だから今でも、なんでこんなに美味しいクスクスがあんのよっていうくらい、美味しいクスクスが食べられたり。一般にクスクスは羊を使うでしょ。でもシチリアでは魚介になっちゃう。そういうのはマンマの味なんですよ。

宇田川　シチリアは各国文化が混在してて、その見本みたいな島だから……。一般に北イタリアは産業が盛んで、北は南のために稼いでるなんて言われている。北イタリアの人たちが一番食べているものは……？

片岡　お米です！　お米はね、お米としてとらえないで、パスタとしてとらえてるんです。だからアルデンテっていう言葉がある。ミラノの人たちは米食いって言われていて、フィレンツェの人たちは豆が大好きだから豆食い、ローマの人はパスタ食いって言われているんですよ。

宇田川　ところで、現地で休日はどう過ごしていたんですか。

片岡　休みの日はレストラン回りです。それに映画が好きだったからよく通いましたね。総領事館の目の前が教会で、そこでいい映画をやっていた。言葉は分かんないんだけど、やっぱりいい映画っていうのは分かる。

宇田川　言葉は分かんないけど、日常的感覚でなんとか理解できちゃう。

片岡　絵や建築も好きだから、芸術関係は何でも見たりしてたんです。教会を見るのも好きだったし。何にしてもやっぱり日本の文化と全然違うわけ。で、ミラノに到着した途端に、僕、絵やめてよかったと思いましたもん。こんなに素晴らしい文化がすでにあるっていうのに、なんで挑戦しなきゃいけないのって思ったから（笑）。

帰国後、「小川軒」へ

宇田川　帰国する前にロンドン行きの話が出てたとか？

片岡　最終ラウンドに入った時に、総領事館で働いてた方が、ロンドンの駐英日本大使と親しくて、その紹介で大使が僕を欲しいと言ってきたんです。金倉さんに相談したら、「あんたは行っちゃダメ、日本で修業し直し！」って（笑）。要するに、僕は「つきぢ田村」で3カ月修業しただけで、19歳の時にミラノに来て、25歳になった。今からイギリス大使館に行って2年も3年も働いたら人生終わっちゃうから、日本に帰ってもう1度イチから修業しなさいと。

宇田川　もう1つの理由を想像すると、食通の金倉さんにすれば、美味しい食べ物のないロンドンに行っても失望するよと。金倉さんの一言は、片岡さんにとっては……。

片岡 もう神様の声みたいなもんですよ（笑）。「はい、分かりました」って。

宇田川 その頃は、将来独立するなんてことは微塵も考えてない？

片岡 いずれ日本でシェフをやることは決まってたんです。五十嵐喜芳さんがオーナーのお店で。でも、自分の店っていうのはまだ考えてなかった。で、日本に帰って来て、じゃあどこでやるかってなった時に、「ポール・ボキューズ」に食べに行ってるから、「煉瓦屋」に入りたいって思ったんですよ。それで、面接に行きました。

宇田川 当時の評価としてはトップクラスだよね。ボキューズは「煉瓦屋」と提携してたんですか。

片岡 そうそう。ボキューズと提携してんだから、美味しい料理を出すだろうと思ったわけですよ。もちろん客として実際に食べたし。でも美味しくない。ボキューズの有名なスズキのパイ包みもやってましたけど、フランスの味と違う（笑）。それでやめた。他に「クレッセント」にパティシエの空きがあったけど、パティシエで入店してもしょうがないから……。それで、最終的に代官山の「小川軒」にオッケーって言われた。でも名前も知らないし、どんなもん作ってるか全然分かんなかった。結局、何年やるか分からないけど、とりあえず入ろう、ということになった。

宇田川　「小川軒」は洋食屋ですよね？

片岡　洋食屋ですよ。特にシチューが美味しかったんです。戦前から新橋の駅前で営業していて、それから代官山に引っ越してきたわけです。

宇田川　代官山っていったって、今と違って当時は寂れてたもんね。

片岡　そうそう。一軒家でやってたんだけど、入ったらもうたらい回し。お菓子屋とかの系列店があったから、社長命令でいろんなとこに回されて。「ブルック」とか「胡椒亭」とか……。

宇田川　当時は結構派手に営業してたんだ。

片岡　そう。そういうところに1カ月ずつ交代で行くわけよ。1年目はそういうように回されて、2年目から本店に入れる。料理は当時からお任せコースで、オードブルを9皿出してた。それで最後にステーキを食べさせるというスタイル。オーナーは京都によく通っていたから、京都の料理に詳しくて、小皿料理に精通していた。僕もイタリアに行く前に少し日本料理をかじっていて、イタリアで小皿料理を見てたから、自分もやりたいと思って帰ってきたわけじゃないですか。それで入った店がそういうことやってるわけだから……。

宇田川　ぴったんこじゃない（笑）。

片岡　そうそう。目から鱗ってこういうことを言うんだなと思ったの。オーナーはすごく研究熱心。だから「小川軒」は一世を風靡しましたよ。

宇田川　70年代前半では画期的なレストランだったわけですね。有名な「レイズン・ウィッチ」っていうのは？

片岡　ありました。だからレーズン部隊もやらされた。レーズンバターを作ったり、ビスケットを焼いたり。ビスケットなんて、リールオーブンがクルクルクルクル回ってるからさ、ちょっとでも取り出すのが遅れたら真っ黒こげになっちゃうわけよ。だからスピーディーにやんないと。俺1回、腕に火傷しちゃってさ（笑）。

宇田川　やっと東京に帰って来たと思ったら、結構苦労してますね（笑）。「小川軒」だって海外から帰ってきた料理人を採用するのは初めてでしょ？

片岡　たぶんそうでしょうね。そうしたら社長が、ラザニアを作れって言うんですよ。それで僕が作ると、すぐに殴る怖い先輩が、「コノヤロー」っていう感じで睨んでいる（笑）。それが怖くて遠慮しいしいやってた。その後もいろいろあって、2年目に辞めさせてくれと言ったら、「だから紹介で来る奴とかはダメなんだ。これから使おうと思ったのに、そんなにすぐ辞められちゃったら困る」って言われて。

宇田川　確かにそうだよね。オーナーはいろいろ教えてやろうと思っていて、一応金もかけてるわけだし。なんで辞めたんですか。

片岡　その時、すでに五十嵐喜芳先生の「マリーエ」[*14]の話が浮上していて。もともと、「小川軒」は五十嵐先生のお声がかりで入ったから。先生はイタリアでオペラの修業をされた方で、総領事館に食べに来たり、泊まったりしていて。その時僕の料理を食べて、「片岡君、今度日本に帰ってきたら一緒に店をやろう」っていう風に言われてた。ただ僕としては「小川軒」に入って2年だから、メイン料理も作ったことなくて、経験的に心もとないところがあったわけです。

「マリーエ」の立ち上げ

宇田川　五十嵐さんとしても自分の店をやりたかったと。それで意中の人を探してて、片岡さんに白羽の矢が立ったというわけですか。

片岡　そうですね。僕も真剣に受け取って、じゃあ一緒にやろうかと思って、金倉さんに相談したら、「いいね」って。最終的に金倉さんが五十嵐先生に話してくれて決まった。店名は、先生のお嬢さんの名前を借りて「マリーエ」にしたんです。

宇田川　オープンに際して五十嵐さんからいろいろ要望はあったんですか。こういう店をやりたいとか、こんな料理を出したいとか。

片岡　ありました。でも先生は、僕のやりたいことなんか全然考えてなかったんですよ。とにかくイタリア料理っぽいのをやりたいって。終いにはピザが欲しいとか言い出しちゃった（笑）。だから僕は、そんなの出すんだったらやらないって言ったんです。

宇田川　おそらくイタリアの食に通じている五十嵐さんでさえ、時代的にはそんなイメージしか持てない。

片岡　だから先生にいろいろ説明して、やっぱり僕は、こうこうこういう料理をやりたいんだって言ったら、最終的に「分かった。やりなさい」と言われて、始めたんです。

宇田川　そのやりたい料理って？

片岡　小皿料理、デギュスタシオンですよ。

宇田川　片岡さんはイタリアのアートをいろいろ見てたから、インテリアとか好きだと思うけど、内装は結構考えたんでしょ？

片岡　いや、それは五十嵐先生の知り合いの建築家にお任せしました。それでうちの家内なんかは、その頃まだ結婚してなかったんだけど、アルプスの少女みたいなユニフォームを着せられちゃって（笑）。私こんなの着たくないって言われて（笑）。

宇田川　奥さんとはどこで知り合ったんですか。

片岡　五十嵐先生が九州で公演する時に、それをプロデュースする会社のマネージャーだったのよ。それで先生が、あの子はよく食べるし、美味しいもんも分かるし、気立てがすごくいいから、店のマネージャーにしようって。

宇田川　五十嵐さんが連れてきたんだ。

片岡　連れてきたっていうか、五十嵐さんの奥さんがそろばん占いに凝ってたんですよ。

宇田川　（笑）それ、なんなの？

片岡　奥さんがそろばん占いにかけたんだよ。彼女を雇っていいかどうかって。そしたら「オッケー！」って出たんだって。

宇田川　（笑）笑わなかった？

片岡　笑わないよぉ。真面目だよ、真面目（笑）。それでその時に、先生のうちで僕が料理して、彼女も一緒に試食したわけよ。で、彼女が僕の料理を食べて、こんな美味しいもん作る人だったらいいなと思ったらしい（笑）。会って1年経たないうちに結婚したんです。

宇田川　6年間、「マリーエ」でシェフをやって、客の入りはどうでした？

片岡　毎日満席でした。儲かっちゃって、五十嵐先生は大満足。開店資金もすぐ回収できたと思いますよ。

「小川宏ショー」出演時。後列左が片岡さん、前列中央が五十嵐喜芳氏。

宇田川　なんで連日満席が続いたんですか。

片岡　テレビに出たり、いろいろ宣伝してたし。「小川宏ショー」[*15]とか「週刊朝日」とかに紹介されて……。その頃「週刊朝日」に出ると、もうすごい宣伝になったんですよ。

宇田川　「マリーエ」って名前も斬新で格好いいね。それまでは「小川軒」とか「煉瓦屋」とかクラシックな名前なんだもの（笑）。東京のイタリア料理に新しい風を吹き込んだんでしょう？

片岡　おまけに小皿料理でしょう。マスコミと口コミなんかの相乗効果で毎日満席。

宇田川　小皿料理の構想は前からできてたの？　当時にしては一種の冒険だよね。

片岡　構想はできてた。でもね、「小川軒」の連中みんなに言われたよ、「絶対失敗する！」って（笑）。

宇田川　イタリアンの小皿コースとしてやったのは、日本で初めて？

片岡　初めてです。アイディアが良かったんだと思う。

宇田川　すごく大胆不敵なことをやったんだ。パイオニアとして歴史に残る？

片岡　もう歴史に残ってるの（笑）。コースは「小川軒」と同じで、前菜7皿に、パスタ、メイン、デザート。10何皿出るんですよ。

宇田川　いや、そりゃ画期的だね。業界内でも、同じように小皿料理を出す店が増えたでしょ？

片岡　そうしたらフレンチの石鍋さんが「ロテュース」で始めたり、坂井宏行[*16]さんが「ジョン・カナヤ」で始めたり。その頃は画期的だったですね、石鍋さんの料理。それで、どんどんどんどん小皿料理が流行っていった。

宇田川　フレンチも巻き込んでね。

片岡　僕はね、じゃあ自分の料理が、「小川軒」やフランス料理と根本的に何が違うかと言えば、パスタだと思うわけ。そのパスタをどうやって美味しく食べてもらうかを真剣に考えて、そのための前菜っていう風にしたんです。メインは食べても食べなくてもどうでもいい。だから、「小川軒」のステーキみたいに出せばいいやと思って、小さい肉を焼いて出したんですよ。

宇田川　ともかくパスタが勝負、パスタのアレンジが勝負、パスタソースが勝負だと。

片岡　そうです。ソースを工夫しながら作って、味を変えたりしながらやった。まだ日本では、ロングパスタとショートパスタの区別もつかないけど、日本で一番美味しいパスタの店にしようと。

宇田川　日本でイタリアンをやってると、いかにもというような既成概念ができてきちゃうでしょう。それじゃマズイなと思って行くじゃない、イタリアに。時には現地の風土や雰囲気に触れて……。

片岡　そう思って、「小川軒」を辞めて「マリーエ」をやる前に、ローマに行ったんですよ、6カ月くらい。で、日本人の画家のお宅に泊まったり、その方の知り合いのイタリア人のお医者さんの家に泊まったりして……。

宇田川　その後もイタリアへは何度も行ってるわけでしょ？

片岡　行ってますけど、「マリーエ」の時は行ってないですよ、そんな暇ないもん。毎日毎日仕事に追われてて。僕ね、自慢じゃないけど、新婚旅行も行ってないんだから（笑）。「ホテルオークラ」に1泊しただけ。

宇田川　（笑）

片岡 だから、28の時に結婚して、子どもができたのが32の時。

宇田川 子どもを作れないくらい忙しかったってこと（笑）？

片岡 作っちゃいけないと思ったんですよ。だって家内が店から抜けたら大変だから。

宇田川 他人に替えられない心強い戦力だもの。じゃあ、もう頭上がんないね（笑）？

片岡 （小声で）上がんないのよ（笑）。

「片岡くん、2億以上稼がせます！」

宇田川 五十嵐さんは、「マリーエ」が大繁盛したあと、店舗展開とかは考えてたんですか。

片岡 考えてましたね。隣が空いたから、そこで日本料理やろうなんて言い出して。僕が日本料理できるから。冗談でしょって（笑）。さすがに家内が大反対して。

宇田川 オーナーってそうなんだよね。人権無視って言うんだ、そういうの（笑）。「マリーエ」は6年で無事卒業したわけですね。そして「アルポルト」の開店は83年。

片岡 開店の2年前に五十嵐先生に辞めたいとお願いしたんですよ。そして1年前に、今の「アルポルト」の場所で店をやりますって言ったの。その近くで、石鍋さんが82年に「クイーン・アリス」をオープンしたんです。

宇田川　その場所に決めたいきさつは？

片岡　家内が出産で入院してる時に、隣でウーウー唸ってる奥さんがいて、うちの娘とその奥さんの娘が同じ日に生まれたんですよ。それで仲良くなって、家族付き合いするようになった。旦那は、今「アルポルト」のある場所で建築事務所をやってたんです。その建築事務所が引っ越すので、僕がデザインするから、ここで店をやったらどうかって言ってくれて。それで、そこに入るってことが決まってたんで、先生に2年前に伝えたわけ。そうしたら怒っちゃった。こんなに近いところでやるのかと。

宇田川　他に候補はなかったんですか。

片岡　根津美術館の近くに候補があったんですよ。ところが、5000万かかると言われて。その当時5000万はなかったんですよ。とても用意できなかった。結局、「アルポルト」をやるのに全部で4000万くらいかかったけど。

宇田川　開店資金はどう集めたんですか。

片岡　自分たちのお金と家内の両親が出してくれたお金じゃ足りないから、いろいろ借金して集めました。

宇田川　五十嵐さんのお怒りは解けたんですか。

片岡　もうカンカンで、結局辞める時に、もう二度と帰って来るなって言われたんですよ（笑）。

宇田川　そりゃそうでしょう。嫌じゃない、自分が逆の立場だったら。

片岡　でも、普通だったらスタッフを連れていくけど、僕は1人も連れて来なかったんですよ。全部置いてきた。まあ、家内を連れていくのはしょうがない（笑）。その時は子育てしていて辞めてたけど。

宇田川　そのことを2年前に言ってるわけですよね？

片岡　うん。今だから本当のことを言うと、その頃、イタリアンレストランをやりたいから来てくれって、引き抜きにあったんです。そのオーナーが毎夜、ジャガーで秘書と一緒に店の前で待っていて、私と家内を接待するわけよ。でも、「マリーエ」の契約は6年だったからお断りしたんです。でもね、その時に、ちょっと待てよと思ったわけ。これだけの契約金と給料を保証してくれるのは、自分に才能があるのかなって思ったんですよ（笑）。だったら、自分でやっちゃおうと……。

宇田川　なるほど。それでみなさんに相談したんですね？

片岡　そうしたら、自分でやんなさいって。自分はそんなに才能あると思ってなかったんですよ。それでも当時、「マリーエ」で給料40万ほどもらってたの。オーナーはその倍の80万出すし、支度金500万くれるって。「マリーエ」はまだ契約の年数が残っていて、それも保証するからと。それで、もし自分の店が気に入らなかったら、その代償を払うからいつでも辞めていいよと。

宇田川　迷っちゃうよね……。「マリーエ」を辞める何年前の話ですか。

片岡　3年前。気持ちは動いたよ。ええ〜、こんなにくれるの⁉って（笑）。その社長に、こういう風に言われたんです。「片岡君、コックが自分の店をやって、現金でどんなにお金貯めても2億までだよ。だから、それ以上稼がせます」って。

宇田川　行っちゃえばよかったのに（笑）。

片岡　行っちゃえばよかないよ（笑）。

宇田川　一生に1回の好条件だよね、おそらく。でも、五十嵐さんとの契約もあるし、義理か人情か千々に乱れる。

片岡　結局、人生はお金じゃないってことになったんですよ。だけど、その時僕は、6年ちゃんと働いてからだったら行きますって言ったんですよ。でも向こうは結論を急いでたの。どうしてかっていうと、ニューヨークに店を出したかったからなんです。そのために、まず自社ビルの1階にイタリアンを出したかった。そのためならお金をいくらでも出すと。

宇田川　まさしく人生の岐路だね。

五十嵐先生との確執

片岡　ともかく、「マリーエ」を辞める直前は大変だった。いろんなことを五十嵐先生に禁止されたから。例えば、雑誌には出ないでって全部止められて。

宇田川　う〜ん、でも気持ちは分かるよ、オーナーとしてのね。

片岡　俺も気持ちは分かる。だって俺が辞めちゃったら、この店どうなんの？って。

宇田川　だって店の常連を全部連れて行っちゃうじゃない？

片岡　だから僕は、じゃあ「アルポルト」を一緒に経営したらどうですかって聞いたわけ。資本金を出してくださいって。でも、それは出せないと。

宇田川　先生にとって悪い話じゃないでしょ。店舗展開にもなるし。なんかやっぱり感情的にもつれたんだろうね。

片岡　そうかもしれない。けど僕は先生の気持ちよく分かるの。先生は「マリーエ」を僕にあげようと思ってたんだから。それで最終的に一緒にやろうって言ってくれたんですよ。でも、僕は断ったんです（笑）。そんなの絶対ないと思ってたから。だって儲かる店を誰が手放す？

宇田川　最後はどうなりました？

片岡　円満解決ってことはないけど、まあしょうがないと。もう二度と戻ってくんなって感じで言われました。

宇田川　おまえとは絶交だと。

片岡　僕はそのことをずっと背負い続けたんですよ。だって恩人の1人ですから。夢にも出てくるし、ずっと気になってた。そしてある時、イタリアに旅行した際に機内で、先生の娘さんに遭遇したんですよ。それで「いろいろあったけど、ごめんね。僕、先生に会いたいな？」って言ったんです。そうしたら日本に帰ってから、家族で「アルポルト」に食べに来てくれたんですよ！

宇田川　へぇ、劇的な再会だね。

片岡　それで、「僕、先生の逆鱗に触れて……」とか言ったら、覚えてないって言うわけ（笑）。その時から、肩の荷が全部下りたんです。心が安らかになったっていうか、人生ホッとした時ですねぇ。それからはしょっちゅう来店されるようになって、亡くなる1週間前まで来てたんですよ。

「アルポルト」開店

宇田川　店名の由来はミラノにある「アルポルト」からでしたね。意味は……？

片岡　もともとアルポルトって名前は好きだったの。「港で」っていう意味だから、人生の出発だったり終着だったり、人の出会いや別れを連想させるじゃない。そういう場所としてのレストランっていう風に思ったんですよ。それで、ミラノの店から許可をもらいました。

宇田川　先方からレジスタンスはありませんでしたか（笑）。

片岡　問題ないから好きにやれ、いいよって……。

宇田川　「アルポルト」のインテリアはどうしたんですか。

片岡　一軒家だし、前は設計事務所だから空っぽじゃん。それでインテリアとかそういうのは、イギリスのアンティークのマーケットで買って来て。椅子とか何から全部。

宇田川　で、イタリアンのプリンスが新しい店をオープンしたんだから、ドッと客が来ると私たちは想像するけれど……。

片岡　全然来ないよぉ（笑）。宣伝もしないでひっそりオープンしたからさ。4月にオープンして、半年ほどはほんとに暇だったんですよ。「婦人画報」とか「ソフィア」

開店当時の「リストランテ アルポルト」入口。当初は一軒屋での営業だった。

とか、いろんな女性誌にカラーページで僕の料理が紹介されたけど、やっぱりお客はそんなに来ないよね。

宇田川　開店してしばらくは閑古鳥が泣いていても、自信や勝算はあったんでしょ？

片岡　もちろんですよ。でもね、やっぱり新しい料理をやっていくわけだから、もし失敗したら失敗したでいいじゃんって気持ちもあったかな。それで、金倉さんは五十嵐先生とも知り合いでしょ。金倉さんは僕と五十嵐先生の間に入ってるわけですよ。僕が金倉さんに、店が失敗したら、屋台でも引いてパスタ食わせます、それくらいの覚悟でやりますって言ったら、それだけの覚悟があるんだったらやんなさいって。

宇田川　オープンして数カ月は客が来なかったけれども、徐々に？

片岡　徐々にじゃない。きっかけがあったの。朝日新聞のコラムに女優の有馬稲子さんが書いてくれたんです。当時6500円で10何皿出てたんですよ。日テレの人がたまたま有馬さんをうちに連れて来てくれた時に、それにびっくりしてコラムで書いてくれた。そしたらもう、その翌日から満席。1年続きましたよ、それ。コラムだからあんまり効果を期待してなかったんですけど、お客はみなさんそのコラムを持ってくるんだもん。

宇田川　当時はネットはなくて、テレビやラジオ、新聞や雑誌の情報しかないから。

片岡　それから、外国人が外国の新聞に記事を書いてくれたり。そしたら今度は外国人のお客も来るようになって……。

「アルポルト」はイタリアンじゃない？

宇田川　当時の西麻布は今じゃ考えられないくらい静かで、あまりシャレた店はなかったじゃない。六本木と渋谷の間にあるからスルーする人が多かった。片岡、石鍋両氏の力は、街の活性化に貢献したんでしょう？

片岡　大きかったと思う。でも、イタリア人で日本に住んでるのは、大使館関係者である南のローマのほうの人が多いから、結局は僕の料理は異端なんですよ。異端というか、フランス料理っぽいものも入ってくるし、日本料理っぽいものも入ってくるし、「アルポルト」はイタリアンじゃないよっていう感覚の人が多いの。お前の作ってるのはイタリア料理じゃない、フレンチじゃないかってよく言われたから。それで僕は疎外されて、そんな状態が今も続いてるわけです。イタリア人が好きな、パスタをガーッと食べさせる料理、それはローマとかナポリだろうって。ミラノはそうじゃないよと。ミラノはもっとお洒落だし、ダイエットに対しても非常に敏感な街だから、そういう料理をしなきゃおかしいって僕は思ったの。

宇田川　フランス料理の歴史ってブルボン王朝からこのかた300年以上も続いているから、パスタとトマトソースが主体のイタリア料理とは比べられないディープな世界があるわけ。例えば、有名なエスコフィエが『ル・ギード・キュリネール（料理解説書）』という本を出版したのが1903年。それを見ていくと、ソースの種類って、もうべらぼうにあるわけじゃない。

片岡　そこがもう決定的に違うの。イタリア料理にはソースがない。あるのはパスタのためのソース。イタリア料理の本命は肉や魚じゃなくて、パスタですよ。イタリア料理は庶民の料理なんです。だから、僕たちが洗練された料理を作っちゃうと、彼らイタリア人からすれば、それはフランス料理だろってなっちゃう。

宇田川　なるほど。それ肝だね。つまり、イタリア料理を突き詰めるとフランス料理になる。だったらイタリア料理の独自性なんてなくなっちゃうかもしれない。

片岡　だから、ミシュランガイドはイタリア人シェフをあまり認めてないんですよ。イタリア料理の何がいいかって言ったら、ちょっと安いトラットリアや、ローカルな料理のほうが旨い。

宇田川　フランス料理のほうが洗練さや美的感性においてダントツだもんね。

片岡　そうなの。だから僕は、ポール・ボキューズの料理を食べてガツンときたわけです。こりゃイタリア料理はダメだよって。この辺を改善しなきゃいけないって思ったの。

宇田川　そうすると、片岡さんの立場としてはなかなか難しいところがある？

片岡　いやだから、メニューはイタリア語で書いて、料理はフランス料理にしようって思ったんですよ。それくらいの気持ちがあったので、たぶんイタリア人から「アルポルト」は違うっていうような目で見られて……。

宇田川　だからイタリア政府から勲章をもらえないんだ（笑）。

片岡　ところが今は、そういう流れになっちゃった。フランス料理をやってきた人たちがイタリアンをやると、美味しいもんができるようになっちゃったんです。

バブルとヌオバ・クチーナ

宇田川　80年代に日本でイタリアンとフレンチのブームがあったでしょう。バブル景気に向かって盛り上っていく時期です。片岡さんの場合、その10年はどんな感じだったんですか。

片岡　もうイケイケドンドンですよ。だって、売り上げもたくさんあったし、高いワインもボンボン空いたからね。そしたら、よしワイン買っちゃえって感じでさ。だから意外とお金残んないんだよ。

宇田川　儲かるけど全部出ていっちゃう。でも、遊んで散財して享楽生活してたわけじゃなくて、それも一種の投資でしょ？

片岡　そうそう。それで僕は、「アルポルト」を始めてすぐの時にギックリ腰をやっちゃったんですよ。それから少し経って胃の調子が悪くて、検査に行ったら胃潰瘍だったた（笑）。それで、やっぱり健康っていうのは大切だと思い出したんですよ。それから健康にお金を使い始めた。そうなると、料理にもそういう面が出てくる。

宇田川　時代的に健康というテーマもあったでしょうから。

片岡　僕は「マリーエ」をやりだした頃からヘルシーのことを考えてた。だから、85年頃にイタリアでヌオバ・クチーナっていう考え方が出てきたんだけど、僕はそれをやろうと思ったんですよ。イタリア版のヌーヴェル・キュイジーヌ。

宇田川　実際にイタリアでそういう運動があったんですか。

片岡　あったんです。マルケージとかピンキオーリとかがその旗頭です。マルケージはフランスの三ツ星で修業してるし、ピンキオーリの奥さんはフランス人だから……。

宇田川　やっぱりフランス料理に辿りつきますね。

片岡　今から20数年前のバブルに浮かれてた頃に、マルケージが来日したことがあったんです。マルケージが有名になったのは、イタリアに帰ったあとに、冷たいキャビアのスパゲティを作ってからなんですよ。彼は日本で、冷たいおそばがコシがあって旨いっていうのに気付く。それでカッペリーニをゆでて、氷水で冷やしてコシを出して、キャビアと和えたんです。イタリアにも、ケッカっていう、トマトの冷たいソースを温かいパスタにかける料理があって、僕も常々温かいパスタを冷たいのに変えたいと思ってたんですよ。例えば、オレンジみたいなものと魚を合わせて冷たいものをやるとかね。だけど、キャビアで冷たいのをやるっていうのはすごい画期的だった。それから、来日した時に、僕はなんかの企画で彼を取材したんです。それで屈辱的だったのは、その時マルケージに、日本のイタリア料理は全然ダメだって言われたわけ。このやろう、言いたいこと言いやがってと思ってさ、お前の料理だって大したことねえじゃねえかよ！って思いながら（笑）。だから、絶対頑張らなきゃって思ったんですよ。

変わらない国イタリアのレストラン事情

宇田川　90年代後半からフランス料理がどん詰まりに入っちゃって、代わりにイタリア料理が出てきた。やっぱりフランス料理ってフォーマルなイメージがすごく強くて、肩ひじ張って食べなきゃいけない感じだし。一方でイタリアンはリーズナブルで気軽に食べられる雰囲気があるもんだから、そういう流れが一挙に出てきた。

片岡　その頃、イタリアンが爆発的にブームになったのは、イタリアで修業して帰って来たシェフが増えたからですよ。

宇田川　フレンチからイタリアンへのターニングポイントがあったというわけですか。

片岡　いや、商売として、例えばフレンチっていうのは儲かんないんですよ。原価率が高くて34%ぐらいかかっちゃう。イタリアンは、それこそパスタが中心だから原価を安くできる。そうすると、3000円ぐらいのコースを出せるわけ。

宇田川　日本の料理人がイタリアへ修業に行き出したのは20数年前からでしょう。今は現地でどのくらい働いてます？

片岡　3000人ぐらい。フランスと同じぐらいじゃないですかね。レストランに行くと必ず日本人いますから。

宇田川　今もそうだと思うけど、一昔前のフランスはどんな小さな町や村でも、有名なレストランなら必ず日本人が働いてた。私の知り合いの料理カメラマンがイタリアに行って撮影していたら、修業してる日本人がいっぱいいて、イタリア人のシェフがやっぱり言うんですって。なんで勉強しに来てんのかなって。こんなの誰でも作れるよ、特にレシピなんてないし、肉なんて塩コショウ振って焼いて、オリーブオイルかけてレモン振るだけだから。日本にいても誰でも作れるだろって言う。

片岡　そうそう。別に何にも教えるものはないって感じなんです。だけど彼らはよく分かってんの。料理というのは、最後は当人のパーソナリティなんですよ。うちの店で働いて、うちの料理を持っていって何しても、どうでもいいの。だけども、その時は自分のパーソナリティでやりなさいって言ってるんですよ。

宇田川　まさに料理は人なり。でもまあ、箔付けで行ってる人もいるし。

片岡　箔付けの時代はもう終わっちゃった。3000人も行ってて、どこに価値があるの？　他の人が行けない時代だったら話は別だけど。

宇田川　いつの時代も海外で修業するのは大変だってこと。ただ、昔の修業組の方が意気に燃えてた気がする。だってフランスやイタリアに行くのに、家族親戚と水杯を交わして、片道チケットで飛行機に乗ったんだから。

片岡　まあ、それくらいイタリアって国は魅力的だったんです。どうしてかっていうと、イタリアって国は変わらないから。だって、法律で変えちゃいけないんだもん。例えば、レストランも増やしちゃいけないの。

宇田川　そういう法律があるの？

片岡　あります。通りに1軒レストランがあったら、近くに建てられないと法律で決められている。レストランをやるなら、その権利を買わなきゃいけないわけ。店の権利を売ったオーナーはそれを退職金にするんです。だから競争もあんまりない。権利が守られてるから、休みも長く取れる。もし日本で8時間労働にして、休暇はこれだけ取らせてっていうんであれば、政府が法律なんかを整えてくれないと。

宇田川　日本とはだいぶ事情が違う。

片岡　日本は大変ですよ。日本って国はどんどん変わるから。仁義なき戦いでさ（笑）、すぐ隣に作っちゃうし。似たようなイタリアンが同じ街にいっぱいできてね。

支店展開をしないと儲けられない?

宇田川　今、イタリアンはピンからキリまで、カフェやピッツァを入れると、なんでも2万軒ぐらいあるとか。東京だけでリストランテが2000軒ぐらい。フレンチはその4分の1くらいでしょう。ここまで増えるなんて予測できなかったでしょ?

片岡　予想だにしてないですよ。僕たちの頃は10軒ぐらいだったもんね。なんだか蓋を開けてみたら、知らないうちにこんなに増えちゃってたような。

宇田川　営業面で言えば、高級イタリア料理店は大変なんじゃないですか。

片岡　大変ですよ。大体客が来ない。うちなんかはトラットリアを提携店でやったり、他のイタリアンの顧問で収入を得ているから、どうにかやっていけますけど、1軒でやってるレストランは大変ですよ。トラットリアにしても、原価をかけて美味しくすればお客は来る。でも、そうすると儲からない。

宇田川　不景気が続いているから儲からないってこと?　それとも構造的に難しいからですか。

片岡　根本的に難しい。それほど安売りをしないで、いつも行列ができる店ということを売りにしてたら利益が上がると思うけど。

宇田川　ちょっと人気店だったら支店展開をしていかないと儲けられない？

片岡　そういうことです。

宇田川　悪循環のような気がするけど。

片岡　それは今の時代だから。いい時代があったんですよ。でも、それは個人ではなくて大手の会社の話だけど。

宇田川　片岡さんは店舗展開していったんでしょ？

片岡　店舗展開といっても、支店展開をしようとしたんじゃなくて、プロデュースを頼まれたんです。支店展開は机の上で計算すれば大変だってことが分かるから、顧問という形で協力してるんです。

宇田川　顧問としてプロデュースという道を選んだ？

片岡　そうです。支店としてトラットリアを6年ぐらいやってたんだけど、やめました。他の店も顧問という形に変えちゃった。

宇田川　何軒ぐらい顧問をやってたんですか。

片岡　最初のうちは2、3軒で、だんだん増えて今10軒ぐらいですね。デメリットもないし、一番いいやり方だと思います。知り合いにも僕と同じように顧問になっている人もいます。本人は1軒でやりたいと思ってるけど、会社組織にしちゃってるから、店舗展開するわけ。でも、みんな悉くダメなんですよ。どうしてかっていうと、本店の料理と同じものを絶対に出せないから。僕はそれを分かってるからやらないの。あくまで顧問契約でやると決めて。

宇田川　フランスのシェフの場合も、顧問契約でやってるのもいるし、直営の人もいます。ともかく、フランスのミシュランガイドは日本版と違って、絶大な権威と信頼を得ているから、業界のお目付け役として怖い存在。支店展開やったら星が落ちちゃう可能性があるから、基本的に支店展開なんて怖くてできないわけ。レストランとかワイナリーの顧問をやってる有名シェフはいるけど、直営店の展開は基本的に難しいと思う。

日本料理は絶対やっておくべき

宇田川　例えば、30代でミシュランガイドで高評価されちゃったりすると、若くして十字架を背負わされるようなもの。片岡的に言うと、そういう人がこれから10年、20年やっていくためには、どうしたらいいと思います？

片岡　そう大変なことじゃないよ。日本人だったら日本人にしかできない仕事をやればいい。だって今の時代、日本料理がいかに世の中に認められているかってことを考えたほうがいいと思うんですよ。世界的にお寿司だとか日本酒だとかがすごく評判になってるし、居酒屋も人気になると思う。そういう日本の食文化が、本当の意味で外国で育つんじゃないかと思ってる。そうした状況の中で日本の若い料理人が、フランスやイタリアにどんどん修業に行って帰って来るでしょう。僕が彼らによく言うのは、行くのはいいけれど、向こうの料理人が君たちに何を望んでいるかを知ることが大事なんだと。現地の厨房で仕事をやらせてくれるところと、やらせてくれないところがある。せっかく三ツ星に入っても皿洗いだけというのもある。イタリア料理の場合は、ともかく最初から厨房に入れちゃって、お前は日本人だから天ぷら作ってくれ、寿司作ってくれ、すき焼き作ってくれ、豆腐作ってくれって言い出しかねない。その時、作れませんって言ったらすぐクビだよ。普通、洋食をやってる人間は日本料理を誰も作れない。でも、その時に作れればお前たち認められるよって。どんどん仕事もらえるよって。だから、日本料理も絶対やっておかなきゃダメだって言うんですよ。今働いてる環境じゃ無理なら、せめて旨い日本料理を食べて、日本料理のエッセンスを知っておくことが大切なんです。僕たち日本人が、いかに味とかに長けてるかっていうことを自覚することも必要だと思う。

宇田川　なるほど、急がば回れみたいな。イタリアのキッチンでまさか懐石やれって言われることはないだろうから、せめて片岡さんが言うようなものなら、作ろうと思えばできるからね。

片岡　そうそう。それを作れないと全然意味ないの。うちの2番をずっとやってた子が、イタリアの二ツ星に入ったんですよ。そしてそこからホテルに移ったの。で、「お前、今何やってんだ？」って聞いたら、「寿司やらされてます」って。それをオードブルで出すんだって。今やそういう料理を外国の星付き店が欲しがってる。だから今、フランスの星付きの店のコックが日本料理店に研修に来るわけよ。若くして有名になっても、新しい方向性に行くために勉強しなくちゃいけない時代になっちゃってる。

宇田川　今の若い人たちはフランスやイタリアへ行って、ちょこっと修業して帰って来ちゃう。そうすると実技と理論のベースを学ぶ時間がないんです。それがないと、豊かなバリエーションを描けないんですよ。

片岡　僕の知り合いでも、アーリオ・オーリオを上手く作れない、だけれども肉料理だとかは美味しく作る、そういう料理人もいるんですよ。でもイタリアンでずっと続けてるしね。だから僕はね、自分の主義っていうのを持って一生ずっと続けられれば、それはその人の才能だと思うし、途中で体を壊したなんだって、いろんな理由があるかもしれないけど、途中で終わったら、それがやっぱりその人の才能だと思う。

体罰厳禁

宇田川 開店から現在まで、「アルポルト」を通り過ぎていった料理人は何人ぐらいいるの？

片岡 何百人だろうね。でもその中で成功してる子は、何十分の1だよね。うちを出て頑張っている子がいると、そういうのを知って入社してくるんですよ。目的を持っている子は我慢できる。ところが目的のない子の場合は、すぐ辞めちゃう。だって僕たちの仕事って、労働時間が長いし大変なんですよ。フレンチなんかはもっと大変だから。

宇田川 もっと大変という意味は？

片岡 さらに労働時間が長い。仕込みとか料理の内容も繊細で時間がかかる。もたもたしていれば怒られるし……。

宇田川 一般に調理場では、厳しい叱責とか罵声が飛ぶようなイメージを持つ人が多いけれど。

片岡 叱責だとか罵声だとか、そんな問題以前に、やっぱり客からオーダーがきたら、そんなこと言ってる暇ないのよ。もう戦争だからね。「お前、何やってんだ早く出せ」とか、「何だこの盛り方は」とか、そういう風になっていく。いかに早く美味しい料理を完成して、お客さんに出せるかってことに集中しなきゃダメなんですよ。だから、その中で優しい言葉なんてかけてやる暇はないの（笑）。

宇田川　昔の職人は、どの業種でも体罰は当たり前だったよね。

片岡　うちではそういうことは一切するなって言ってます。これからの時代は暴力とかそういうことは一切なし。言葉の暴力もやめようと。だけども、その子の受け取り方によって違うからさ。例えば、嫌いな奴に怒鳴られたらパワハラになるけども、信頼してる人から叱られたら愛情だと思うわけですよ。だから、人を見極める力も付けなきゃいけないわけよ、怒る側は。

宇田川　人間関係の難しさだね。大手ホテルなんかはコンプライアンスとか言って厳しそうだけど。

片岡　今、ホテルの厨房で体罰したら、即クビです。だから、一般的にホテルの厨房は弱いんですよ。8時間労働の週休2日で、どうして美味しい料理ができるんですか。日本で基本的な人権からそういう労働時間を決めるのは間違ってないと思う。だけども、僕たちの業界っていうのは、コンソメ1本挽くのにどれくらい時間がかかるんですか。

ある人に任せて8時間経って、はい帰りますってなっちゃったら、コンソメは腐っちゃうもん。じゃあ、どうすんですかってことになるじゃない。その辺は臨機応変にうまくやっていかなきゃいけないよね。要は、本人がほんとにやる気があるかどうかの問題なんです。自分がコックになって自分の店をやりたいのか、それともお金を儲けたいのかによって職業を選ばなきゃいけないし、店を選ばなきゃいけない時代になってるんですよ。

宇田川　日本人って、やっぱり社交下手で言葉が拙いじゃない？　フランスは幼い頃から言葉の訓練や討論とかディベートとかをやらされて、徹底的に鍛えられてるわけ。最終的に言葉で解決しなければいけないから。

片岡　日本は見て覚えろの口だからね。口下手だから、口より先に手が出る。

宇田川　体罰がダメで口下手だったらどうやって伝えるんだって、自分の気持ちを。

片岡　だから今の時代、店の経営はすごく難しいわけですよ。何か問題があると親に訴えられちゃうから。なんでこんなに長い時間働かせるのか、ちゃんと休暇を取らせるのか。そういったことを本人の承諾なしにやっちゃうと、本人が親に話す。じゃあ、訴えちゃえってことになる。でも、本人がそういうことを納得して、一生懸命料理やって、独立したいから早く仕事を覚えて、いい勉強してるって思えていれば、別にそういう問題は起きないわけですよ。

宇田川　でも、料理と人間性で言えば、誤解されるかもしれないけれど、名料理人って大体嫌な奴だよ（笑）。

片岡　僕は善人だけどね（笑）。

宇田川　差し障りがあるから他国の話にするけど、ボキューズ[*17]もロブション[*18]もシャペルも、どう見たって悪人面でしょう（笑）。少なくとも善人の顔じゃない。私の独断と偏見で言えば、性格がまろやかで、ニュートラルな料理人って旨い料理を作れないと思う。悪人でも犯罪者でも、料理が旨ければそれでいいと、私は思ってるんですけどね（笑）。

片岡　僕も旨い料理はできない。できないんだけど、他人を上手くコーディネートして作らせる能力はあると思う。だから、僕は自分のことをよく知ってるんですよ。自分はある程度は作れる、美味しいまずいも分かる、こういう料理をこういう風に出せばお客に喜ばれるのも分かる。でも、自分には腕がそこまでないから、足りないところは人を借りてっていう、そういう性格なんですよ。

宇田川　片岡さんの頭の良さって、そういうとこだよね。

片岡　自分のことを分かってんだよ。

宇田川　料理人も、個人営業型タイプと組織型タイプの2つに分かれるんですよ。例えば、個人営業型はレストランのシェフに配置されたり、組織型はバンケ（宴会場）のシェフにされるとかさ。

片岡　僕は組織型でしょうね。で、どっちのタイプにしても、結局は料理は継続だと思ってるの。そのためにはどうしたらいいか。継続していくために一番大切なのは健康管理。長く料理人やってると、胃が悪くなったり、血圧が高くなったり、腰が悪くなったり、痛風になる、糖尿病になる、そういうの全部抱えちゃう。だから、常に健康管理してないと一生働き続けることはできない。忙しい人、管理してない人は途中でみんなダウンするんですよ。知り合いでも何人か亡くなってます……。

これからのイタリア料理

宇田川　さて、これからの日本におけるイタリア料理の進化とか、片岡さんなりの未来図というか、どう描きますか。

片岡　これだけイタリア料理が定着してくると、わざわざイタリアへ行かなくても、日本で全部食べられちゃう。地方料理もあるし、ピッツェリアもあるし。ピッツェリアなんかはどこの店で食べてもイタリアより美味しい。そうすると、じゃあなんでイタリアに行くのってなっちゃう。食べ物だけじゃなくて、やっぱり文化っていうものに触れて、

来日したミラノの「アルポルト」オーナーと

感じることが大事だと思うわけ。それは現地に行かなければ感じられないから。僕は今でもよくイタリアに行ってますよ。

宇田川　その国が醸し出してる空気や雰囲気や香りなんかを感じるために行ってるんでしょ？　若い人たちにもそう言ってるんですか。

片岡　そうですね。「お前、日本でこれだけ習ってるのに、今さらイタリアに行く必要あるの？」って。もし行って働くんなら、食べ物や料理だけじゃなくて、文化や芸術というものを理解することが一番大事なんだからと。修業するなら3、4年でいいよって言ってるんです。5年以上いるんだったら、ずっと向こうで働いたほうがいい。だって帰って来たって使いもんにならないから。

宇田川　5年も滞在しちゃうと無理？

片岡　その人によりますけどね。日本とイタリアの文化って根本的に違うでしょう。イタリアはやっぱり文化というものを大切にしてるけれども、日本が大事だと思っているのは、文化じゃなくて時間なんですよ。つまり、タイム・イズ・マネー。文化というものを大切にする国から、そういうタイム・イズ・マネーの国に戻った時に、ハレーションを起こすんですすよ。そのギャップを埋めるのは大変だから、ハレーションを起こす前に日本に戻ってこなきゃダメだよって言ってるの。

宇田川　私もパリに長く住んでいたから、その辺の事情はよく分かります。フランス人で、文化が時間と金を中心に回っていると信じてる人間なんていませんよ。

片岡　そうなんですよ。だから電車もバスも全部ストライキする。それが普通なんですよ。電車に乗るために駅に行ったらストライキで動かない。えーっ、予約しちゃってるのにどうするんだよ。まあしょうがない、じゃあタクシーで相乗りして行くかとか、ちゃんとそれなりにできちゃう。

宇田川　帳尻合わせるのが上手いんだよ。人生は一寸先に何が起こるか分からない。だから「セ・ラ・ヴィ（人生ってこんなもの）！」ってセリフになるわけ。

片岡　イタリアでびっくりしたのが、皿洗いが威張ってること（笑）。もう平気でシェフとやり合うからね。敬語使わないし。

宇田川　調理場の中にも階層があって、シェフと皿洗いは立場も給料も違うけれど、コミュニケーションに関してはまったく対等なんですよ。平気で喧嘩するしね。

片岡　僕が思ってるのは、いったい日本の文化って何ですかっていうことを、自分の中で、気付かないとダメだということ。年を取ったせいもあるだろうけど、日本人として自分にしかできないことをやっていかなきゃいけない、ということですね。そういう自覚がないと、僕たちコックがイタリアに修業に行っても、お前たち何しに来たのって言われちゃうんですよ。

宇田川　そうだよね。だってフランス人は、日本人はみんな、天皇制だとか武士道だとか、桂離宮や弥勒菩薩だとか、最近ではマンガとかコスプレとかについても知ってると思ってるから。向こうでよく訊かれるんだよね。例えば、「禅って何？」って。それに対して何も答えられない。

片岡　そうです。それを知らなかったら恥ずかしいって思わなきゃいけないの。だけど反対に彼らに「キリスト教って何？」って訊いても、きちんと答えられる人間は少ない(笑)。「これ、何ていう魚？」って訊いても知らないの。自分たちの国の魚なのに、魚の名前を知らない人も多いんです。だからどこの国でも似たようなもんなんだけど……。

人間主体の料理

宇田川　最後に、イタリア料理のシェフになって良かったと思いますか。

片岡　良かったと思う。特に自分にはイタリア料理は合ってたと思います。フランス料理やんなくてよかったと。僕はちょっとポワンとしてて、いい加減な性格だし、血液型がB型だからごちゃごちゃしてんのも好きなの。だから、いろんなものがテーブルの上に散らかってるのが好きなんです。そういういい加減さが、イタリア料理の特徴なんだと僕は思ってる。どうしてかって言うと、イタリア料理ってお菓子なんか作る時に分量いらないいんですよ。ピザを作る時もグラム計ってないし、粉をワーッと入れて終わりだからね。イタリア人に聞いても、これは目分量だって言うんですよ（笑）。ところが、フレンチは絶対ピシッとなってないといけない。

宇田川　いい加減で感覚的にやってるんだけど、完成品は美味しい。

片岡　そうそう。だからイタリア料理の味は常に変わるの。計量とかそういう機械に支配されない自由な考えで料理を作る。要するに、人間主体の料理だってことですよ。それがこの国の文化だと思ってるわけ。フランス料理も同じだと思いますけどね。

宇田川　フランスは人間主体という考え方の発祥地のようなものだから、それはもう徹底してる。まあ、片岡さんの話をずっと聞いてきて、自分で決めるというよりは、周りの人たちに運命を決めてもらったというか……。

片岡　そうじゃないの。最後は自分が決めるんだけど、決めるに当たっていろんな人のアドバイスを聞くわけ。その上で決める。自分の性格を見極めて、結果として自分が信じてる人たちに相談することに決めたんです。

宇田川　それがうまい具合に繋がっていったと？

片岡　それは運がいいから。基本的にね、僕は自分だけ良ければいいって考えじゃないんです。すべての人が良くなんないといけない。例えば、顧問契約にしても何にしても、相手方が儲かんないとやってる意味がないと思うわけ。自分だけ儲かればそれでいいっていう考えじゃないから、長続きするわけですよ。だから、顧問契約が長いところは10数年続いてるし。

宇田川　こういうお人柄だからね。人柄の片岡って有名なんだよ（笑）。

註

P.84

*1 金倉英一（1909～2002）
片岡護の母、すゑがお手伝いに行っていた家の外交官。のちミラノ総領事。国際性豊かな金倉家の環境が、若き日の片岡に大きな影響を与えた。

P.95

*2 モニカ・ヴィッティ（1931～）
イタリアの女優。ミケランジェロ・アントニオーニ監督作品の常連として、「情事」「夜」「太陽はひとりぼっち」「赤い砂漠」などに出演。

*3 ジーナ・ロロブリジーダ（1927～）
イタリアの女優。「夜ごとの美女」「パンと恋と夢」「悪魔をやっつけろ」「空中ぶらんこ」など、ハリウッド作品も含め多くの映画に出演し、世界的な人気を得た。

*4 アンナ・マニャーニ（1908～1973）
イタリアの女優。ロッセリーニ、ルノワール、ヴィスコンティなどの作品に出演。55年の「バラの刺青」で、アカデミー主演女優賞、ゴールデングローブ賞主演女優賞を受賞。

P.97

*5 全共闘
全学共闘会議＝略して全共闘。学生運動が盛んだった68～69年にかけて、日本の各大学で組織された大学内の連合体とその運動。

P.98

*6 五十嵐喜芳（1928～2011）
日本のテノール歌手。金倉領事がイタリア・ローマに駐在していた頃から親交があり、ミラノ領事館にもたびたび訪れていた。

P.100

*7 リストランテ・マルケージ
85年にイタリアで最初にミシュランの三ツ星を獲得した有名店。オーナーシェフのグアルティエロ・マルケージは当時一世を風靡した前衛的なシェフで、イタリア料理界の顔として精力的に活動。

P.101

*8 リゾット・アル・サルト
残ったサフランのリゾットをフライパンに薄く広げ、バターで焼いた料理。

P.108

*9 ラペルーズ
パリにある1766年創業のレストラン。顧客にはヴィクトル・ユゴーやバルザック、アレクサンドル・デュマ、ジャン・コクトーなどもいたという歴史ある店。

註

P.108 ＊10 **ラ・ピラミッド**
フランスのリヨン近郊、ヴィエンヌにあるレストラン。オーナーシェフのフェルナン・ポワン（1897〜1955）は、33年に得た三ツ星を死ぬまで守り続けた。弟子にポール・ボキューズ、トロワグロ兄弟、ロジェ・ヴェルジェなどがいる。

＊11 **ル・ウストー・ド・ボーマニエール**
南仏プロヴァンスにあるオーベルジュ。英国のエリザベス女王をはじめ、多くの著名人が訪れている。

P.109 ＊12 **エノテカ・ピンキオーリ**
イタリア・フィレンツェにある三ツ星レストラン。ソムリエのジョルジョ・ピンキオーリとシェフのアニー・フィオルデが夫妻で経営する。〝料理とワインの最高のマリアージュ〟を掲げ、「ワインに合う料理」を提供する店。

P.111 ＊13 **ジョルジェット・ジウジアーロ（1938〜）**
イタリアの工業デザイナー。ヨーロッパ各国の車メーカーのみならず、マツダ、いすゞ、スバルなど日本車のデザインも数多く手掛ける。

P.118 ＊14 **マリーエ**
声楽家・五十嵐喜芳がオーナーのイタリアンレストラン。片岡をシェフに迎え、76年広尾に開店。

P.121 ＊15 **小川宏ショー**
65〜82年までの17年間、フジテレビ系列局で生放送された朝のワイドショー。元NHKアナウンサーの小川宏を総合司会とした人気番組だった。

P.122 ＊16 **坂井宏行（1942〜）**
フランス料理のシェフ。19歳で単身オーストラリアに渡り、1年半の修業後、帰国。「西洋膳所ジョン・カナヤ麻布」等を経て、南青山「ラ・ロシェル」を開店。フジテレビ「料理の鉄人」には、フレンチの鉄人として出演。

P.148 ＊17 **ジョエル・ロブション（1945〜）**
フランスの有名シェフ。「フレンチの皇帝」とも称される。13年現在、世界11カ国に事業を展開し、ミシュランガイドで数多くの星を獲得している。

＊18 **アラン・シャペル（1937〜1990）**
フランスの料理人で、ヌーヴェル・キュイジーヌの旗頭の1人。73年に自身の名を冠した店で三ツ星を獲得。別名「料理の哲学者」と呼ばれた。

宇田川 悟

×

小室光博

「懐石 小室」

小室 光博

Komuro Mitsuhiro

1966年、3人兄弟の末っ子として東京都昭島市に生まれる。次兄が大衆割烹をやっていた影響で料理人を志す。85年、二葉栄養専門学校を卒業し、九段の懐石「和幸」へ入店。7年間の修業期間を経て、93年頃から出張料理人として活動。2000年に神楽坂に「懐石 小室」を開店。茶道流派の1つである遠州流の家元付き料理人としての顔も持ち、通年で家元主催の茶事に随行するなど多忙な日々を送る。骨董食器のコレクターでもある。

昭島の御曹司？

宇田川　小室さんは東京の昭島生まれですか。

小室　はい。詳しいことはよく分かりませんけど、うちは何代かあの辺に住んでいたみたいで……。私の場合は、父と祖父と曾祖父ぐらいまでは分かるんですけど。

宇田川　おじいさんは何をしてる人だったんですか。

小室　そもそも、糸偏って言うんですか、繊維とか絹とかそっち方面の仕事をしてました。商才のある人だったようで、戦前の景気のいい頃は結構派手にやっていたみたい。私が6歳の時に70代半ばで亡くなってますから、明治30年頃の生まれだと思います。

宇田川　特需かなんかでボロ儲けしたというわけ？

小室　そうみたいですね。何しろほんとに、私の身の回りではなかなか傑出してた人でして。ひと頃はですね、昭和20年代後半には、軽井沢にあった大隈重信の7000坪くらいの別荘を買い取って……。

宇田川　ええっ！……噂には大層な家の出だとは聞いてたけど、御曹司じゃない（笑）？

小室　いやいや、御曹司がコケたので、私はもうコケ童でございます（笑）。それでまあ、ちょっとお宿でもやろうかっていうので別荘を買い取りまして、「大隈別荘」って

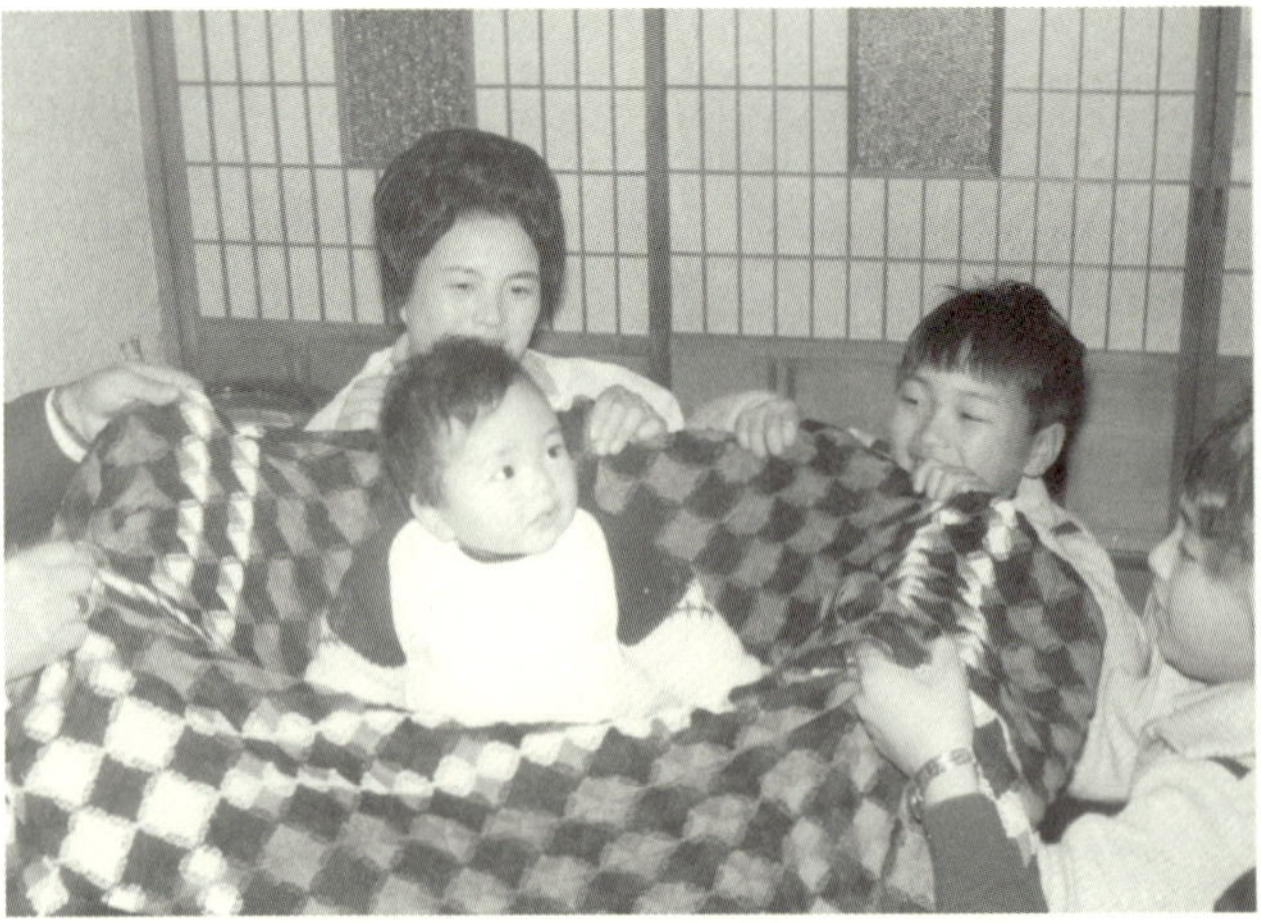

0 歳頃。母と兄たちと。

祖父との 1 枚。小室家では傑出した存在の祖父だった。

名前でやってたらしいです。でもあの頃は今みたいにアルミサッシがあったり、二重ガラスがある時代じゃないから、冬はもう寒くて寒くてしょうがない。9月になると戸を閉めて帰って来ちゃうような状態だから、軽井沢でお宿をやるといっても、3カ月くらいしか実入りがないらしいんですよ。それを3年くらいやってたんです、ほんと副業で。

宇田川　昔の立志伝に出てくるような人物は、1つ事業が成功すると他の事業に必ず手を出してるよね。商才のあるおじいちゃんは、いろいろな仕事に色気を見せていたんでしょう？

小室　やってたみたいですねえ。糸偏の商売が下降になると、もうパッと見切りをつけて、ほとんど隠居していたんですけどね。孫たちがせめてどうにか食いっぱぐれないようになんて考えて……。なにしろ長男である私の父が、小さい頃からしょうがないなって嘆かれるタイプでして（笑）。だから、立ち行かなくなったのは親父の代ですね。祖父が生きていた頃は、さほど困ることもなくて……。

宇田川　お父さんはどういう人だったんですか？　昔は長男の甚六と言って、人はいいんだけど商売ができないとかさ。

小室　ええ。小さい頃からきかん坊だったみたいですねぇ。糸偏で稼いでワァッとなってる頃には、見習いに来ている小僧さんや身の周りを世話してくれるねえやもいて、まあ何したって怒られないわけですよね。それで自分が一番偉いと思うように育てられちゃったわけで（笑）。大人になったら大学に行かないで、予科練に行っちゃったんです。

宇田川 予科練じゃ大変だ。それで生き延びて、いわゆるアプレゲールだよね。ヤサグレちゃったっていうか……。

小室 ええ。だから小さい頃、車に乗ると、父はいつも軍歌を唄ってました。「きさまとおれとは同期の桜……」とかなんとか。で、そのうちにおじいさんが策略を巡らせて母親と結婚させたんです。だけど母は虫唾が走るほど父が嫌だったらしいんですね（笑）。

宇田川 きかん坊で予科練帰りじゃ相当グレてるよね（笑）。その頃は、お父さんは何で生計を立ててたんですか。

小室 私が覚えてるだけでもいろいろやってました。金融業もやりました。今で言う街金ですよね。だけどほんとに取り立てが下手で、赤字で転業（笑）。その他に飛行機会社の下請け、ラジオの組み立てもやっていた。それから、一時コインブームというのがありまして、コイン屋から仕入れて自分で売ろうとしたりもしてました。どこに利ザヤがあるのかなって子どもながらに思ってたんですけどね。あとは、ほんとに一時ですけど外車のディーラーなんかも。まあ、いろんなことをやってはやめ、やってはやめで（笑）。

宇田川　道楽親父でいい人だから所詮、武家の商法みたいなもんだ。もちろんおじいさんの残した財力は大きいと思うけど、小室さんの生まれが66年ということは、ばっちり高度成長時代じゃない。右肩上がりで、何やってもいいような成功幻想に浮かれていた。お父さんは飲食業には手を出さなかったの？

小室　いや、街金をやっていたもんですから、一時、貸し付けの相手に喫茶店の人がいたんですよ。それで、お前のとこには一応喫茶店のノウハウがあって、うちには土地があるから、ここで喫茶店をやれなんていう話になって、やり始めたんですけど、そもそも自分で経営してうまくいかない人を連れて来て、うまくいくわけがないんですね。まあ、そんなことで10年くらいやってたんですかね。で、ある日突然、今度はラーメン屋がいいですよっていう話が湧き上がりまして、機械を買うわけです。そこでまた始まっちゃうんですね、いい加減なラーメン屋が……（笑）。

大工、建具屋、畳屋……手仕事を見るのが大好きだった

宇田川　70年代となると、西洋文化が普通に入って来てるわけじゃないですか。子どもの頃は相当豊かな食生活をしてたんでしょう？　戦後生まれがすぐ想像するように、

トーストにバターとかジャムを付けて食べるとか……。

小室　私はなにしろエビフライが大好きだったですね。それに小さい頃から、美味しそうだなと思うものを母親に注文してました。母親の本棚に料理の本が5、6冊あったので、時々持ち出してきては、遠足とかの時に、「これ作れる?」って聞いたり(笑)。それである時、料理雑誌を見て、スフレを作ってほしいと頼んだんです。母親は、「分かった、なんとか頑張って作ってあげるから」なんて言って作ってくれたんですけど、絵から見る印象と出来上がったものと、どうも違う。だけど、これはあんまり突っ込んじゃいけないんだろうっていうのは、子ども心に思ったみたいで、1回出てきたものを食べて、もう納得した振りをしちゃったりね。

宇田川　やっぱり小さい頃から食べることが好きだった?

小室　私はもう、絶対的に食べるのが大好きでした。一番端的な話は、国立に住んでいた叔母が何かの時にお小遣いをくれたんです。普通は、「叔母さん、ありがとうございます」って言うところを、僕は「叔母さん、ごちそうさま」って言った。「みっちゃん、お小遣いをもらってごちそうさまって言うのはおかしいんじゃない?」「だけど、僕のお小遣いは大抵お菓子に化けるから、ごちそうさまでいいんじゃない?」って。それが6、7歳頃の話なんですけどね。

祖母・母・兄・いとこたちと。福島にて。前列右端が小室さん。

宇田川　へえ〜。他に強烈な食べ物の思い出はありませんか。

小室　それはやっぱり桃ですね。福島に母親の実家があったので、農家との付き合いが多いものですから、実家の仏間に行くと、もう桃が唸ってるんですよ。それで井戸の水で桃を冷やして食べるのが大好きでしたねえ。もうめちゃめちゃ美味しかったです。

宇田川　でも、世の中急速に変わってきて、食のバラエティ化ってすごかったでしょ？

小室　そうですね。今にして思えば、なんであんなに盛り上がったのかなと思いますけど、小学校2、3年の頃に、初めて立川に「マクドナルド」ができたんですね。我々小学生は、羨望の的じゃないけど、立川に行ったら必ずマックに寄ってくるみたいな感じでした。僕が好きなのはともかくマックシェイク。ストロベリー味とチョコレート味の2点。「お前、そんなの食べると太るぞ。ただでさえ太ってんのに」ってよく兄貴たちに言われました。

宇田川　70年代は食生活が大きく変わる分岐点なんです。それ以前は贅沢と言っても、せいぜいデパートの食堂でお子様ランチを食べるとかね。

小室　そうですね、だから日曜日なんかは、親父の運転する車で鰻屋や寿司屋に行くんです。そうすると美味しいものにありつける。親父は食道楽じゃなかったけど、食べることは好きでした。だから親父が脳溢血で倒れたあと、事務所を整理していたら、文藝春秋社発刊の『東京いい店うまい店』が10冊くらいはありましたね。

宇田川　小さい頃はどういう子どもだったんですか。

小室　職人仕事を見てるのが好きでしたね。手仕事はものすごく好きでした。畳屋さんとか大工仕事……。畳屋さんは、あの頃はまだ畳針で1針1針縫う仕事でしたから、畳替えとかを見てるのが大好きでした。大工や左官の仕事を見てるのも好きでしたね。

宇田川　そういう職人が働いている姿は非常に美しい。女の子はあんまり見てないけど、男の子は熱心に見てたよね。

小室　すごく分かりやすいのは、畳屋のおじさんが、口に水を含んで上手にファッと霧にして吹くじゃないですか。何のためにそれをするのかは分からなかったけど、「おおっ、上手いな……」って。それで家に帰って、庭で水を口に含んでフーッてやるわけです。でもやっぱり難しいから、「ダメだなぁ、まだなれねぇな、畳屋」と思って、何べんもやったりとか。

宇田川　働いている人間の、ある意味で美しい極限の姿を見るっていうのは気持ちがいいことだよね。今はネット社会になって職人も少なくなったけど、もっと生身の人間を見なきゃいけないんだよ。

小室　だから、みんなが同じことをやってしまっている弊害って……。例えば、小学生くらいまではある程度同じことをしていたとしても、そこから先、みんなが同じことをするっていうのは、本当につまんないことだなぁ、と思うんですけどね。

次兄が大衆割烹を始めた

宇田川　高校を卒業して入ったのが地元に近い二葉栄養専門学校。もうちょっと都心の学校に行くとかいう考えはなかったの？

小室　ないです。私は都会派ではなくて、かなりのローカル派なので。調理師学校へ入るまではヘラブナ釣りにはまっていまして、暇があると湖や川に行って竿を垂らすとか、そんなことばっかりしてました。

宇田川　なんかもう、すでにジジむさい……（笑）。

小室　そうなんです。ジジむさかったですねぇ。何か1つ事を始めると、そこにグーッと入っていっちゃう。ヘラブナ釣りなんかやってるのは年寄りばかりなので、そういう人を捕まえて話を聞くのも好きでした。料理人になってからも、同年齢から話を聞くっていうよりは、20も30も年上の、一家を構えてる旦那の話を聞くために、わざわざ修業先でもないところに顔を出して、熟練の心持ちなんかを聞いたりしてましたね。

宇田川　小さい時から大人の環境の中で育ってきてるもんね。兄貴だって10歳上だから。

小室　そうですね。で、高校を卒業して、もう大学に行く気はさらさらなかったので、料理をやろうとは思っていたんです。なぜかと言うと、中学に入ったぐらいから2番目の兄貴が大衆割烹を始めたんです。まあ、店は親父が作ったものですけど。京都から帰って来てから三鷹で1年ちょっと働いて、「よし、お前はもう大衆割烹やっちまえ。俺が店を作ってやるから、やれっ！」なんてことになって。

宇田川　（笑）

小室　兄貴としては、いい加減なところで始めるわけですね。それで私は、高校に入ってから夏休みに手伝いに行ったりしていたので。

宇田川　やっぱり近親に誰か料理関係者がいるんだよな。

小室　ええ。高校に入った時点で、学業的なレベルで言うと、横並びな奴らしかいないところに収容されちゃったなっていう感覚だったですね。それで、ここから学歴でどうだってことはもうないなと。さあ何しようかなと思っていたところで夏休みを迎えて、兄貴の店を手伝いに行ってもいいよと。それで白衣を着て手伝ったら、これはなかなか面白い商売じゃないかと。

宇田川　それはどういう点で……？

小室　手伝いに行くと、兄貴が「これ、美味しいから食べるか？」なんて、ちょっと食べさせてくれるんですよ。それなりに美味しいものが周りにあって、白衣を着た料理人が働いてる。それを見て、イキがいいじゃないかと。「じゃあ、続けてみるか」みたいな。調理場の中で洗い物とか、簡単な下ごしらえとか、そんなことを手伝って……。実は兄貴が店を立ち上げた時から、おふくろも店の手伝いに行っちゃうもんですから、中学生くらいから土曜の昼とかは自分で作ってたんです。簡単な焼きそばだとかスパゲティだとか、その程度のものですけど。

宇田川　それで、結構俺ってできるなって（笑）。でも、昔は料理人のイメージって最悪だったよね。包丁1本晒に巻いてっていう、流れ者のような……。

小室　大体パンチパーマで、準構成員な感じですよね。

宇田川　傷害事件とか窃盗事件とかがあると、必ず書かれるんだよね。「犯人は料理人風」とかさ（笑）。

小室　長兄に料理人になるって言ったら、「もうそんなことは弟（次兄）だけでやめてくれ」と。めちゃめちゃサラリーマン肌な兄貴ですから……。

宇田川　市役所勤めだもんね（笑）。お兄さんのお店ってどんなの？　カウンター？

小室　いや、カウンターはないです。適当に広かったので……。70席くらいあって。上も2部屋くらいの大きい広間でした。

宇田川　70席って相当広いよ、お店として。そこをとりあえず切り盛りしてたわけですね。じゃあ、家業だから当然手伝いに来いって言われちゃう。

小室　高校生の時は行ってました。でもその時、将来、そこで兄貴と一緒にやるっていう気持ちはなかったんですね。その思いは調理師学校に進むと、より一層強くなって。

水を得た魚

宇田川　その後、調理師学校に入って、小室さんの運命は決まったようですね（笑）。それとも心理的に抵抗していたとか？　もうちょっと違う仕事があるんじゃないかとか。

小室　調理師学校に入った時点でもう一撃でした。水を得た魚というか、どうも水が合ってるみたいで、何をやっても褒められちゃうし（笑）。兄貴の店でやってたから、「上手いな、刻みもの」とか、剥きもの剥かせりゃ「お前上手いな」って。私があんまり上手いので、仲間にも「小室さん」とか「大将」とか言われちゃって（笑）。

宇田川　一目置かれちゃったんだ。

小室　ちょっと気分いいじゃないのって（笑）。イケちゃうかもなっていうのは思い始めてた……。それで、入って1カ月経つか経たないかぐらいに、以前ホテルの和食部にいた杉山先生から、「今度はホテルの和食部とかに研修に行ってみるか？」って薦められたんです。クラスで3、4人なんですけど、学校は出席扱いになるからっていうことで行かされた。その杉山先生が、「いいかお前ら。料理人になるんだったら、ちゃんと金が稼げるようにならなければいけない！」って言う。「一流でなければ女も金も付いてこない！　モテたいか？　モテたい奴、手挙げろ！」なんて感じで……。

宇田川　そりゃ発奮するね（笑）。

小室　だからだんだん刷り込まれていきまして、「そうか、うちの兄貴くらいじゃダメ

調理師学校の学園祭で同窓会会長賞を受賞。

だな。一流だ、一流を目指そう！」なんて思って（笑）。その時に、今やっていることのスタートラインに立ったなっていう思いがありますね。

宇田川　調理師学校時代に、すでに一流を目指したいっていう意志とか野心を持ったのは大きいよね。

小室　それまでは……かなりとぼけてましたね。ほんとに調理師学校に入ってからです。

宇田川　杉山先生は恩人でしょう（笑）。

小室　それで、その時、杉山先生に東京の「センチュリーハイアット」（現・「ハイアットリージェンシー東京」）の和食部で研修することを薦められて行きました。そこの親方は京都の「浜作」で修業して、一応筋のいいところを通ってきてる人なんです。最初はお米を研いで、道具を洗って、漬物をちょっと用意して、ほんとに簡単なことを7、8時間やって帰って来る。そんなことをしてる間に、「小室、焼き鳥刺せるか？　模擬店があるから刺してみろ」なんて面白がってくれる先輩がいて。こっちは焼き鳥なんてもう得意なんですよ。兄貴の大衆割烹でさんざん刺してたから（笑）。3年か4年やってる先輩のほうが遅い。私が2本か3本やってるうちにやっと1本。かといって「遅いですね」とも言えないから知らん振りしてたら、その先輩が、「早いなお前。なんでそんなに早いんだよ？」と。

宇田川　仕事が手早いのは優れた料理人の条件だもん。

小室　前に板前修業の本を読んでいたら、そういうところでは少しでも気が利くと思われなきゃいけないと。とりあえずできることとして、ふきんをゆすいでしっかり絞って、畳んで脇に置くのは料理人として大事なことだと。じゃあ、ちょっとそれを実践してみようと思って、自分の仕事が一通り終わると、チョイチョイ邪魔にならないように動いては、「ふきんを洗ってよろしいでしょうか？」なんてやるわけです。洗いながら、ちょっと先輩の手元を見てるんですね。結局、みんなには変わった奴が来たなと思われて（笑）。だから、「来年も来るのか？」「ハイッ！　来てよろしければ参ります。よろしくお願いします！」とか言いながら。でも、その店は見るからに何か違うな、というか……。

宇田川　ふきんの話もそうだけど、気を遣うっていうことと先輩から好かれるっていうことは、調理場で働く上で必要なことだよね。でも頭で分かっていても、なかなか行動に移せない。

小室　とりあえず様子を良くするのが大事。なにしろ相手にしてもらえなければ、引っ張ってもらえることはないですから。例えば、今うちの店に4人若い衆がいるんですけど、「お前たち、俺の仕事やりたいって思わないの?」って言うわけです。なんで自分の仕事だけで終わっちゃうの? ちょっと早く来たらお前の仕事終わるだろ。それで、私がやってることを1個でもやらせてもらおうとか、少しでも手伝わせてくださいとか、そういう意思表示をしないのかっていうことです。

宇田川　フランスで修業した日本人も同じような立場です。仕事が早くて気配りができて、時間が空いたら邪魔にならない程度に手伝う。それに関しては同じですよ。まあ、普通はその一歩がなかなかできない。

小室　だけど、下の料理人が霞ぐらいにしか見えないような大所帯のところは、実際、何かさせて欲しいなんて言えないですよ。「てめえ、邪魔だ。あっちだあっち!」なんて怒鳴られて、大体は切られちゃう。それで研修が終わって学校に帰ったら、杉山先生が「小室、『センチュリーハイアット』良かっただろ?」「まあまあですね」「まあまあ? お前、向こうの人にすごく気に入られてるぞ。頑張ったんじゃないの?」「頑張りました」「良かったから頑張ったんだろ?」「いや違います。やっぱり自分をちゃんと表現するために、立場と環境を整えて……」。まあ、そこまで上手くは言えませんでしたけどね(笑)。そして夏休みが終わって研修に行ったのが、今はなくなっちゃってるけど、四谷の「自慢本店」なんていう名前の店で……。

宇田川 何それ(笑)? 居酒屋なの?

小室 ちょっとハイグレードな和食です。でも、どこからどう見ても何を自慢してるのか分からない(笑)。その時の気持ちでは、「ワシをこんなとこに送り込みおって……」みたいな感じでしたけど、入ったからには何か使えることを、自分なりに見て、出て行こうと思った。でも、そこでもやたらと私を気に入ってくれるんですね。「来年、来るよね? 来るよね?」って。

宇田川 また気に入られちゃったわけだ(笑)。

小室 支店が何軒かありましてね。とりあえず、入った場合に配属になるであろう八重洲口店で、来週お昼をご馳走するからって。まあ、一応行ってみたんですけど、これがもう本当に、なんちゃって割烹。それで1週間の研修が終わってから学校で、「先生、他にないですか？」って聞いたら、「あれがダメなら、もうない」「じゃあ、もう一切構わないでください」って。

宇田川　その時はまだ調理師学校に在籍してるんでしょ？　そもそも調理師学校って何年制？

小室　在籍してます。学校は1年だけです。当時、調理師科はおおかた1年制でした。だけど、もしこれから子どもを調理師学校に2年行かせたいっていう親御さんがいたとして、そこに言葉を挟めるならば、年間授業料の100万円分、その子に何か食わせてやってくださいって言いたい。まあ、半分の50万円分でも食べさせてあげて、お子さんが何を一番やりたいのか、会話してみてくださいって。

料理人の就職活動

小室　「センチュリーハイアット」に行けて良かったのは、その和食部で同学年だった子が、やたらと東京にある辻留料理塾の話をするんです。彼が「昨日休みだったから、辻留料理塾に行ってきた。大きな声では言えないけど、ホテルの和食部だとほんとのことは勉強できない。だから自分で勉強してるんだよ」って。「すごいね。辻留ってどんな人?」「ほら、よくNHKに出てる禿げてるおじさんだよ」って言うわけですよ。
宇田川 その人は辻嘉一[*1](笑)。
小室 「そんなにすごいの?」って聞いたら、「すごいよ。もう米の研ぎ方なんか、シャカシャカシャッ、シャカシャカシャッ、シャカシャカシャッって。ここで水をザーッと入れる! この水が大事なんだ!」って。そんなことがあって、「じゃあ俺は『辻留』に行けばいいのかな?」なんて思ったんです。それで、行きたいなあと思っているうちに、歯がちょっと痛くなって歯医者に行きました。そうすると待合室に、「東京の旨いもの何某、何十店」なんていう雑誌があった。で、受付のお姉さんに、「私、料理人になろうと思っておりまして、これに載っている何某と何某っていうお店にとても興味がありまして、この1冊を譲っていただけると大変勉強になるものですから、お分けいただくことはできないでしょうか?」って。そんな風にして、情報をいろんなところからかき集めてきて……。
宇田川 まだガイドブックが世の中に溢れていない頃でしょう。むろんネットもないし。
小室 例えば、うちなんかはお昼をやってますと、調理師学校の若い子が、どんなことやってるのかなって食べに来るわけですよ。当時、ある程度一流と言われるお店は、お昼に適当な値段で入れるような様子もなく、敷居がすごく高くて。ですからそういう情報を頼りに、あとは当たって砕けろ、旦那の顔見て決めよう、みたいな感じでしたね。

宇田川　なるほど。

小室　それから、調べてなんとなく良さそうだなっていうお店、70店舗ぐらいにバーッと電話したわけです。「二葉栄養専門学校に通っている学生なんですけど、そちら様では来年の見習いの募集はされてますでしょうか？」って。それで、会ってくれるって言ったところは、行かなかったところも含めて、「和幸」「辻留」、それから「胡蝶」「鶴の家」、記憶が飛んじゃってるけど「出井」か「浜作」か、それと「梅もと」……。

宇田川　当たりが6、7軒っていうことは、つまり確率は1割だ。それに「辻留」とか、いいところがほとんどじゃない。電話してどんな反応でしたか？

小室　行きたいところは大体その辺りでしたから。ただその当時、「東京吉兆」さんと「京味」さんは、「うちは縁故関係しか採用しませんので」って、最初に電話を取った方の言葉でもうお終いでした。結局思ったのは、やっぱり決まるべきところにご縁があって決まるんだなと。

宇田川　6、7軒の中からどういうプロセスを経て決まったんですか。

小室　一番初めに行った「辻留」の話からしますと、その時は10月で、卒業まであと半年あるんですすけれども、「今すぐ学校を辞めてうちに来るって言うんなら入れてもいい。

だけど、今すぐっていうことじゃなければ、縁故関係で入ってくる子もいるかもしれないから、この先あなたを採用できるかどうかは分からない。どうする？」って聞かれて、「じゃあ一応親に相談してから、ご返事させていただきます」と。母親と相談するまでもなく、自分の中では決まっていたんですけど、母親に言ったら、「あんたは優柔不断な子だからね。とりあえず卒業くらいはしておかないと」っていう感じで。そういうわけで、その時はご縁がなかったっていうことでお断りしました。その後、「胡蝶」にも顔を出したら、「うちはお弁当とかの部門もあるし、近々人が必要なので採用しますよ」っていうことだったんです。そんな2つの話を持ちつつ、「和幸」に行ったんですね。

宇田川　面接みたいな感じで行ったの？

小室　ええ。「和幸」の高橋親方が言うには、うちも今は足りてるけれども、いずれ先輩が辞めていくことがある。その時なら誘うことができるけれど、今すぐは無理だと。小室くんが承知するなら、学校が終わってからでも構わない、ほんの数時間でいいから来られる時は顔を出して、お手伝いを続けなさいって言われたんです。それでしばらくは学校と「和幸」の往復が続きました。

宇田川　行ったり来たりっていうのは、学校の勉強と「和幸」での修業を交互にやるっていうこと？

小室　月曜から土曜までは毎日学校に行きます。それから17時ぐらいまでに、当時九段にあった店に入って、22時くらいまで働いて昭島に帰る。これを10月からひと月くらいやったんです。それで11月に差し掛かるかどうかっていう時に、就職先は「胡蝶」さんで決まりましたって言ったら、なんだっていう話になったんです。

宇田川　(笑)

小室　よく聞いてみたら、親方が「今、『胡蝶』で料理長をやってるのは、私があそこを出る時に後釜として置いてきた後輩なんだ」って。結局、いろいろ問題が出てきちゃって、親方は「胡蝶」を出たんですけど。

宇田川　それで「和幸」を始めたっていうことね。

小室　それで、しばらくして「和幸」に行ってみると、親方から呼ばれて、「来年からうちで君を採用するから、『胡蝶』の親方にも言っとくように。私のほうからも言っとくけど」なんて言われて、決まったんです。

和食は脇から入ることを良しとしない

宇田川　じゃあ高橋さんは、小室さんがどの程度仕事ができるか見ていたわけですね。

アルバイトだから大した仕事もしてなかっただろうけど。

小室 そうですね。何かの皮を剥いたりとか……。あとは性格の素直さとかを見ていたのかもしれないですね。

宇田川 高橋さんクラスの料理人になれば、それを見てるだけでも、その子が仕事ができるかどうか分かるでしょう?

小室 そうだと思うんですけどね。うちの親方、その当時「家庭画報」だの「婦人画報」だのNHKだのに結構出ていたので、私以外にもう1人手伝いに来てた子もいたんです。ただ親方が言うには、「あの子はもうよそのご飯食べてるから、なかなか勤まらない」と。

宇田川 それはどういう意味ですか。やっぱり色が付いてないほうがいいとか?

小室 ええ。やっぱり、たった10人の店でも組織がまとまらないことがあるんです。例えば、すき引きをするのに上身からやるか下身からやるか。どっちでもいいようなことなんですけど、ある程度年季のある人が入って来て、一番下の子を指導するような時に、組織系統として1本にしていたほうが話が早いじゃないですか。揉めることもないし。

宇田川 つまり、その店のオリジナルなやり方をちゃんと継承してくれる人がいいと。

小室 ええ。例えば筍を炊く時に、えぐみをなるたけ和らげるためにお酒をある程度入れる人と、それほど使わないで、その分昆布をたっぷり入れる人とか、いろいろいるわけです。結果的には、あれもこれも美味しいのかもしれないですけど、若い子に分かりやすく伝えるためには、店独自のやり方を1つにしておいたほうがいい。だんだんキャリアが出てきてから、違う方法を覚えたっていいわけです。あまり脇から入っていくのを良しとしないんですね、和食は。

「和幸」の親方、高橋さん

宇田川 親方の高橋一郎さんはどういう人だったんですか。

小室 親方は東京の品川生まれで、お父さんは築地の魚河岸商に勤めていらした。親方のお母さんは、「水戸幸」という東京で3本指に入る茶道具商で女中奉公していたんですね。顧客は政界・財界のトップクラスで、今の貨幣価値にしてみれば1点数千万円くらいの道具を売買していた道具屋です。私が思うに、この「水戸幸」が「和幸」の親方の人生を作り上げたのではないかなと思うんです。戦争が始まった頃、親方はおそらく小学生くらいだったんですが、千葉の銚子に疎開してまして。よく聞かされたのは、戦争中はほんとに食べるものがなくて、小学校でのご飯の時間は校庭に行って水ばっかり飲んでいたと。だから食べものを粗末にしちゃいけないってよく言ってました。それで戦時中に小学校を卒業して、魚屋に丁稚に入って、世の中もちょっと落ち着いてきた昭和22、23年頃に、親方のお母さんが「水戸幸」にご挨拶に行ったようなんです。その時に、「あんたのとこの息子さんどうしてる?」「今、銚子の魚屋で丁稚をしておりまして」って言ったら、「それはいけないね。そんな田舎の魚屋で奉公させてたらヤサグレるだけだから、京都の『辻留』っていう立派な料理屋がこれから東京に出店してくるから、口をきいてあげるよ」って。それがご縁で話が進みまして、「辻留」に入る。親方としては、魚の扱いなんてのはチョチョイのチョイだと思っていたわけです。でも京都で十数年のキャリアを積んだ人がいて、何かある度に、「それは魚屋の仕事や、そんな粗い仕事じゃ料理屋は勤まらんぞ」ってさんざん言われたそうです。だから親方は、魚を扱うのが妙に丁寧でした。後にも先にも、あんなに丁寧に魚を扱う人っていないなっていうくらいに。

宇田川　「辻留」でしごかれて、罵倒されて仕事を覚えていった。

小室　負けず嫌いだったんでしょうね。それに人柄が良かったから、辻嘉一さんがとても可愛がられていたらしいです。ただ調理場では、魚屋の経験からちょっとした下ごしらえは誰よりも早くできるけど、他の仕事の緻密さはない。だから、自分で努力しなければいけないと考えて、誰よりも先に起きて調理場に入る。親方にしてみれば、少しでも仕事する機会を増やすんだという気持ちで早く起きてやっていたわけですね。「和幸」の時は私らも、「早く来てやれよ。お前たちはボンヤリしてんなぁ」なんて、よく言われましたけどね。

宇田川　（笑）なるほど。

小室　「和幸」の最初のお店は、市ヶ谷田町にありました。親方は「胡蝶」を辞める時もそうだったけど、辞めますって言うが早いか体が動いちゃって、ハイさよなら、みたいな（笑）。瞬間湯沸かし器のような人で、後先考えないっていうことがままあったようでして。女将さんにしてみれば、やっと第1子を授かり、「胡蝶」の給料もかなり良かったのに……。

宇田川　行き当たりばったりに料理長を辞めちゃったと。

小室　ええ。だけど明日からどうするのって。その時に女将さんが、『胡蝶』の料理長までやったあんたを働かせに行かすなんて、私はできないよ。名折れだから」って。

宇田川　新しく雇う側も引いちゃうよね。

小室　「だけど、お金は?」って親方が聞いたらしい。そうしたら女将さんが、「それはまあ、なんとかするから、とりあえずやれることをやりましょう」と。それで、女将さんの実家のほうから開業資金をかき集めて、とりあえず市ヶ谷田町にあった居酒屋の居抜きのところから、「和幸」という名前で始まったんです。開店してからお客も付いてきて、やれやれってな感じだったんですけど、夜になれば、元が居酒屋だから酔っぱらいも入ってくる。それまで親方は、出張料理なんかでいいとこのご主人とか奥様とかとお話しすることはあっても、カウンターに並ぶ、氏素性の分からない輩を相手に料理を出すのは初めてだったわけですよ。

宇田川　「胡蝶」の料理長ともあろう人が、なんでそんなに格を下げてまでって思うけど、やっぱり資金的な問題？

小室　そうです。だから、いかに後先考えないで辞めてきたか。とりあえず日銭が入るようにしましょう、ということですね。だけど、そんなところに「吉兆」の旦那が来るんですよ。なんでかというと、さっき話した「水戸幸」さんは親方の後見人のような人だったから、開店したって聞けば来てくれる。いいお客さんも連れて来てくれるんです。

宇田川　でも料理や食材の水準で言えば、相当下がってるわけでしょう？

小室　ええ。例えば、「辻留」とか「胡蝶」でやっていた時は、イワシはあんまり使わない。だけど、その頃は天然のいいイワシが一杯獲れて、すごく安かった。鯛とかヒラメはお昼から使えないとしても、イワシなら使える。いい食材がまだ廉価だったですね。

今から50年近く前になるわけですから。

宇田川　そこは何年くらいやってたんですか。

小室　11年ぐらい。

宇田川　随分長くやりました。よく我慢できたね。

小室　大変だったんじゃないんですかね、気分としては。田町から移転した九段の店は一軒家で、ちょっと京町家風に通路が長くて、料理もちゃんと本格的なものを出せるようになったと、親方は言ってましたね。

恐るべし、「和幸」の黒豆

宇田川　小室さんは高橋さんとの相性はどうでした？

小室　良かったですけど、私のことは怒りやすかったんでしょうね。よく怒られました。そんなに私が悪いのか、それとも怒るあなたが悪いのかっていうくらい（笑）。

宇田川　やっぱりそういう役回りの人は絶対必要なんでしょう。

小室　その当時は、僕がいけないのかなって思ってたんですね。だけど4年くらい経つと、ここんところは親父に負けないっていうところが、少しくらい芽生えてくるじゃな

「和幸」の親方 高橋さんと兄弟子と。左端が小室さん。

いですか。そうすると、あんまり理不尽なことを言われると、ちょっとムカッとしたり。そうすると、「なんだその目は！」と（笑）。やっぱり私に怒られるセンスがあった、怒る価値があったっていうことだったのかなあって思うことにしてます（笑）。

宇田川　そう広くもない板場で半年も働けばね、大体あなたの気性とか技術とかは分かるわけであって。

小室　ええ。けれど人生で初めてですよ、こんなにボロクソに、バカみたいに朝から晩まで言われたのは。眠い目こすって、仕事に追いまくられて、まだできないのかとかワイワイワイワイ言われるの、人生で初めてだったもんですから。

宇田川　アルバイトから正社員に昇格したら、

性根や心構えが違ってくるから……。

小室　初めて緊張を覚えましたね。ここでやっていかなきゃ……という気持ちになって。

宇田川　親兄弟はなんて言ってたの？

小室　一番上の兄貴は板前という仕事にとてもアレルギーがあって、ろくな仕事じゃないと思っていたんでしょう。次兄が料理屋をやったせいで、お袋は夜遅くまで手伝いに行かなきゃならないし、自分は大変な迷惑をこうむっていると。

宇田川　しかもその頃って、今と違って料亭なんて向こう側の別世界って感じですよ。親兄弟にしてみれば、修業が大変だろうとか、いい客が来るんだろうとか、そんなイメージしかないよね。実際に「和幸」の厨房で働いてみて、料理はどうでした？

小室　まず、なんでこんなに黒豆が旨いんだと。12月頭に修業に入って、おせちの仕込みで黒豆作りの手伝いに行ったんです。先輩が作っている途中で2粒か3粒くれたので食べたら、あまりに旨くて驚いた。松田優作じゃないけど、何じゃこりゃ～っ！て感じだったですよ（笑）。だけどこれで終わりじゃなくて、さらに含ませるからもっと美味しくなるんだよと。恐るべし「和幸」、豆をこんなに旨く炊くとは、と。

宇田川　親方は丁寧にレシピを公開してくれた？

小室　もちろん。隠すことなんか1つもないですから。やっていてもちょっとおかしいと、いやそうじゃないんだ、こうなんだっていうことを教えてくれる人でした。ただ、魚は自分で下ろしてた。魚下ろすぐらいはさせてくれてもいいんじゃないかなと思っていましたけど、やらせてくれない（笑）。４年目になってからですよ、ようやくやらせてくれたのは。まあ、親方はテレビに出る時に魚を下ろすことが多かったので、手がなまっちゃいけないと思ったんでしょう。

宇田川　なるほどね。料理人の手の動きはきれいだもんね。魚を下ろすところだとか皮を引くところだとか、そういう所作ってテレビ的には絵になるでしょう。

小室　親方としては、例えば鱧の骨切りをどこかで見た時には、「こないだ骨切りを見たけど、あいつは仕事してないなあ」とか。そういうところが親方の気に触れるところなんですね。

ふきんの畳み方にもセンスが出る

宇田川　それで小室さんも、１年目、２年目と仕事の量も質もアップしていく。懐石を一通り覚えなきゃならないわけだし……。

小室　やっぱり１つ１つ時間をかけて、しっかり自分のものにしなさいっていうところです。うちの親方がよく言ってたのは、「丸く大きくなりなさい」。料理人というのは、例えば切るだけが得意じゃダメで、煮ることも盛り付けることも、それからお客さんに対することも、すべてのことをちゃんと修めて大きくなるように。そういうことをよく言われました。

宇田川　鰻でも天ぷらでも寿司でもよく言うでしょ、裂き何年、揚げ何年、シャリ何年とかさ。だけど懐石は幅が広くて、それぞれ10年ずつ修業してたら人生終っちゃう（笑）。

小室　大変です、大変です、ほんとに。

宇田川　だから私は懐石を食べたり懐石の本を読んだりすると、やっぱり日本人は、最後には精神論に行くのかなと思うわけ。限られた時間の中で修業を終えなきゃならないわけだから、精神論でも持って来ないと収まりがつかない。

小室　そうですね。今のお話から言うと、例えばお寿司屋さんの場合は、センスが良かったら1年やればなんとなくできる。春はこの魚、夏はこの魚、秋はこの魚、冬はこの魚がいて、と分かれば、1年見たらできる。

宇田川　職人にとって修業はむろん大事なことだけど、人間どこかで邪心とか嫉妬心とかがあるからさ、わざと修業期間を長くさせてるんじゃないかなんて疑っちゃう。パリじゃ中国人だって韓国人だって、2、3週間練習したらさっさと握ってるよ（笑）。

小室　一番重要なのはシャリの切り方と〆方で、ここが寿司の要点。魚はいろいろありますけど、身の厚さ、薄さとかはもう感覚的なものですから、全身全霊で5年も修業すれば名店を開けるはずなんです。ただ、道をどんどん開拓するパイオニア精神がある人と、先頭の人の後にくっついて、風をあんまり受けないでいい塩梅にっていう人もいるので、一概には言い切れないんですけど。

宇田川　まあ、なんとも言えないね。フランスだって料理人のトップクラスってほんと一握り。じゃあ99％の人はどうするかっていうと、己の才能と実力をわきまえて都会のレストランで働くとか、あるいは田舎に帰ってカフェを開く、レストランを開く……。残された道はいくつもある。もちろん人生に対する価値観や職業人としてのセンスも含めて、自分がサラリーマン的なコックなのか、自営業的なコックなのかを見極める力っていうのは絶対必要なわけですよ。

小室　だけど私は14年近く自分の店をやってきて思うんですけど、センスのいい子はなかなかいません。例えば朝、洗濯したふきんを畳ませておく。ちゃんとこういう風にきれいに畳めよ、お客様側から見ても角が揃っていて、折ったほうを手前にするようにと言う。できない子はそれが何べん言ってもできない。一方で、できる子は言う前から大体できていて、ちょっと気に入らないところを注意するとあくる日からピシッと直してくる。結局、線がピシッとなっていることが気持ちいいって思う人間が角を揃えられるんですね。そして、そういうセンスがない奴はいい盛り付けができない。

下働きから芽生えるもの

宇田川　ところで、日本料理におけるスタッフってどうなっているんですか。よく言うじゃない、上板とか下板とか……。

小室　うちなんかだと、基本的に私が造りと、立板であり煮方。焼方は若い子にある程度任せる。私の思うことが大体形になるように配置して動かします。

宇田川　大きな料亭だと10人とか15人のスタッフを動かすようだけど、「小室」は圧倒的に小室さんの存在感が……。

小室　だから、ボヤボヤやってると、もう辞めたほうがいいんじゃないかって言います。「いいんだよ、いなくたって。辞めるなって言ったこと1回もないからね」って。大体、うちに来る子は調理師学校から入って来るんですよ。時には知り合いが紹介してくれたりもするんですけど、本質的にうちみたいなところでやらなければという子じゃないと採用しません。大変な思いをしても将来損はないだろうし、預かってるうちにいい様子が見えればとは思っていますけど。ただほんとに下働きなんで、そこに好きなことがあればそこを芽生えさせる。そして花も実もつくようになるんでしょうけど、やっぱりその子自身に発芽させる力がないと無理ですよね。

宇田川　最初は洗い場から？

小室　洗い場だったり掃除だったり。やりたいと言えば、煮物をある程度こしらえさせたり、鱧だったら切り出したものに粉を打たせてゆでさせてとか。でも、おかしな動きをしてると大体目に入るんですよ。違うことをやってる子とかはなんとなく感知するし、しくじってる子は動揺して耳が赤いんですぐ分かる（笑）。最初の頃はそんなこともあるので、そんな時はすぐに「お前、こんなに黒く焦がしやがって。どうするんだ、炭素食べさせて」なんて叱ります。

宇田川　私が知っている、フランス料理でトップに上り詰めているようなシェフは、みなさん揃って仕事がすごく早い。小室さんも早くて手ぎれいだもんね。

小室　いや、私はそんなに早くないです（笑）。ただ手ぎれいっていうことは意識してやっています。例えば自分用のふきんは、ゆすいだ後にパッと四角にして、キュッと脇に置いて、お客様側から見ても美しいようにしておく。まな板は常に鉋《かんな》がかけてある。こういうことを当たり前のようにやるのが大切なんです。その場所から繰り出されるものに関して、衛生的になんの疑念もないというところで展開しようというのは、いつも思っています。

宇田川　なるほどね。

小室　ただ、下ごしらえにしても、やっぱり具体的にできると面白いですよ。褒められるから。褒められるの大好き（笑）。

宇田川　木に登っちゃう（笑）？

小室　もうほんとに、豚もおだてりゃなんて感じですよ。

宇田川　そういう下働きっていうのは、ある程度、年限ってあるんでしょうか。もちろん、人によって速い遅いはあるんだろうけど。

小室　私の場合は、最低限5年はいなきゃなと、何となく思ってたんですね。

宇田川　その5年で、椀物も焼き物も一通り全部やると。懐石なんかで一番のハイライトと言えば、椀物を挙げる人が多いじゃない。その理由は？

小室　椀物っていうのは、結局、切る・焼く・煮る・揚げる・蒸すのすべての要素が入っているんです。さらにそれを盛り付ける。つまり和食のテクニックがすべて入っている。焼いてから椀ダネになるものもあるし、揚げてから椀ダネになるものもあるし、蒸し上げたものが椀ダネの中心になることもある。最低3種類あるいは4種類の味の組み合わせがあって、そのすべてのバランスを取れるようなところまでいかないと、推し量れない。だから結局、お椀をちゃんとできるようになるには5年じゃ足りないですね。

宇田川　小室さんがそうやって断言するぐらいだから、大変な技術……。

小室　「わあ、カッコいい！」「すごく素敵！」、そういうお椀は、なんぼセンス良くても5年じゃできないですね。5年である程度ベースができて、そこからさらに5年くらい、トータルで10年ぐらいやっていかないと、お椀ってなかなか分かり得ないかな。あと、お椀物の旨さが分かるお客さんってどの世代かと言ったら、たぶん50代くらい。つまり、作る側もそれに近い年齢にならないと摑めないものがある。

市場の法則

宇田川　5、6年もやると、四季折々の食材をほとんどすべて5、6回経験するわけだから、魚も肉も野菜も果物も、とりあえず全部見るんでしょ?。

小室　まあ、なんとなくは、ですね。だけど結局は、自分がすべてを左右できる位置にいなければ、本当のことは入ってこないだろうと思っていたので……。人から聞いた経験は身に入らない。

宇田川　魚河岸に買い出しに行って、交渉したりとかは？

小室　私は結構長くて、私が「和幸」に入って1年目ですぐ上の先輩がいなくなったので、そこから5年くらいずっとやってました。もちろん先輩や親方のチェックはありますが。

宇田川　食材の仕入れを？　産地とか生産者とか流通の仕組みとか、いろいろ勉強になったでしょう？

小室　だからラッキーでした。市場の人の顔もよく分かりますしね。

宇田川　懐石で使う食材ってたくさんあるわけでしょう。でも良質なものは大体決まってる。それぞれの季節を代表する食材を選ぶに当たって、誰かとぶつかるようなことはあったんですか。

小室　ありました。ある時親方に、田作りの材料のごまめのいいものを早く頼んどけって言われて、付き合っているところに頼んでおいたんです。その確認で親方がそこに電話をしたら、先方が知らないと言う。「おい光博！　どうなってんだ！　田作りの件は聞いてないって言ってるぞ！」「そんなことないです。ちゃんと確認とってますから」「だけど聞いてないって言ってるぞ！」。それで電話を代わってもらって、「いや、何月何日にこんな風に頼んで……」って言ったら、「あぁ～！　そんなこともありました……」「ありました⁉ 何言ってるんだこのバカヤロウ‼」って。結局、親方が止めに入るくらい私も怒り心頭で、さんざんその親父を問い詰めましたけどね……。

宇田川 やっぱり、そういうことに慣れるってことは大変なんでしょうね？

小室 そうですね。だけど市場の法則は分かるだけじゃダメなんです。肝心なのは、いいものを買い続けること。つまり、「俺分かるんだぜ。いいの出せよ」なんて言っても出さない。最近調べなきゃいけないことがあって、北大路魯山人[*2]の本を見てたんです。そうしたら、その当時東京で夏の魚と言われた星鰈が、「東京の名料亭10軒ばかりが使うだけは毎朝の魚河岸に集まり……」なんて書いてある。今はそんなにはなくて、1日4、5枚がせいぜいなんですね。つまりは、そんなのを「分かってるだけ」の呑気な野郎には渡らないんですよ。分かっていて、かつ毎日の購買力があって、しかも支払い能力がある。そこで初めて売り手は安心して高い魚を買い付けて、「小室さん、今日こんないいの買っといたから、よろしくね」「おお！ 支払いの方は任しとけ！」っていう関係が築ける。例えば昨年5月辺りの話ですけど、うちに1本7万円の松茸が来たんです。

宇田川 1本で（笑）？

小室 どこの店も買ってないです。その段階で、築地に入っている松茸はうちにしか来てないですから。売る側も1年の付き合いの中で、たまにはそういう特別なもので威勢とか気合を見せたい。買う側も、それに乗る相棒でなきゃいけないんです。

宇田川　あうんの呼吸みたいにね。

小室　高いって言っても年間に直しちゃったら、1キロ100万の松茸の値段なんて知れたもんなんです。1年で割れば1日数百円。缶コーヒー2、3本買ったと思えばいいんです。

宇田川　普通はそこで引いちゃう。

小室　問題は、そこで手を上げられるかどうかなんですね。

7年目に「和幸」を卒業

小室　「和幸」を辞めた1つの理由は、「和幸」で覚えることがすべて終わったわけではなくて、7年間いて、このぐらい見ておけばいいだろう、と思ったんですね。私の場合は、「和幸」での最後の1年間を親方のすぐ下でやって、もうこれでいいかなって。

宇田川　卒業したいと話した時、親方の高橋さんはどう反応したんですか。

小室　ちょっと待て、今は早い、みたいな感じでしたね。とりあえずもう2、3年は置いておきたいと。でも私も相当ムカムカしてたんで（笑）。

宇田川　どういうこと？

小室　今にして思えば、親方にとっては無理からぬこととはいえ、不条理なことがだいぶ溜まってきたので（笑）。

宇田川　怒りの沸点まで来てたんだ。

小室　もうなにしろ、「お前が悪い」と（笑）。まあ、私も悪かったと思うんですけど。例えば、親方がいない時に鮑の下ごしらえをすることがありましてね。蒸すとしたら今から蒸さなきゃ間に合わないんだけど、携帯電話のない頃だったので聞きようがない。それで、ここはいつも通り蒸しておくのがセオリーだろうと思って蒸しておいた。そうしたら、親方が帰ってくるなりやたらに怒って、「なんで蒸したんだ！　今日は生で使おうと思ってたのに！」って。「あんたそう言ってなかったじゃないですか。ここのところ、さんざん酒蒸しで使ってたはずなのに……」。

宇田川　それ心の声ね（笑）。

小室　ええ。「ほんとに勝手なことやって……」って親方が言うから、「すいませんでした、ハイ……」と。すいませんでしたって言葉も、すぃぁせんした、みたいな感じで、かなりムカついた言い方で（笑）。

宇田川　結局7年で辞めたわけだけど、最後は仲良くお別れしたんですか。

小室　ええ。入った時に言われたんです。「小室君もいずれ辞める。その時、こちら側としては、長くなればなるほど急に辞められると困る。だから、最低半年前には予告をして上がるように」と。そんなわけで、私は7カ月前に申告したんです。

宇田川　そう告げてからも同じ職場にいるわけだから、やりにくくなかった？

小室　私的にはもう、サッパリするなぁ……みたいな（笑）。でも親方的には、名残惜しいようなことを、時折チラと言う。「そんなことしてるようじゃ、3月で辞めさせるわけにはいかんなっ！」とか。そんなこと言われたって、辞めちゃうもーんってなもんで（笑）。

宇田川　そりゃそうだ。安い給料で戦力として充分責務を果たしたんだろうからさ。

小室　すごーい安かったですもん（笑）！　うちも安いですけどね。だけど、ちょっと普通じゃ見られないもの見せてもらってるし、仕方がないなっていう思いはありましたけど……。

出張料理人として働きながら

宇田川　独立してすぐに自分の店を持とうと思っていたんですか。

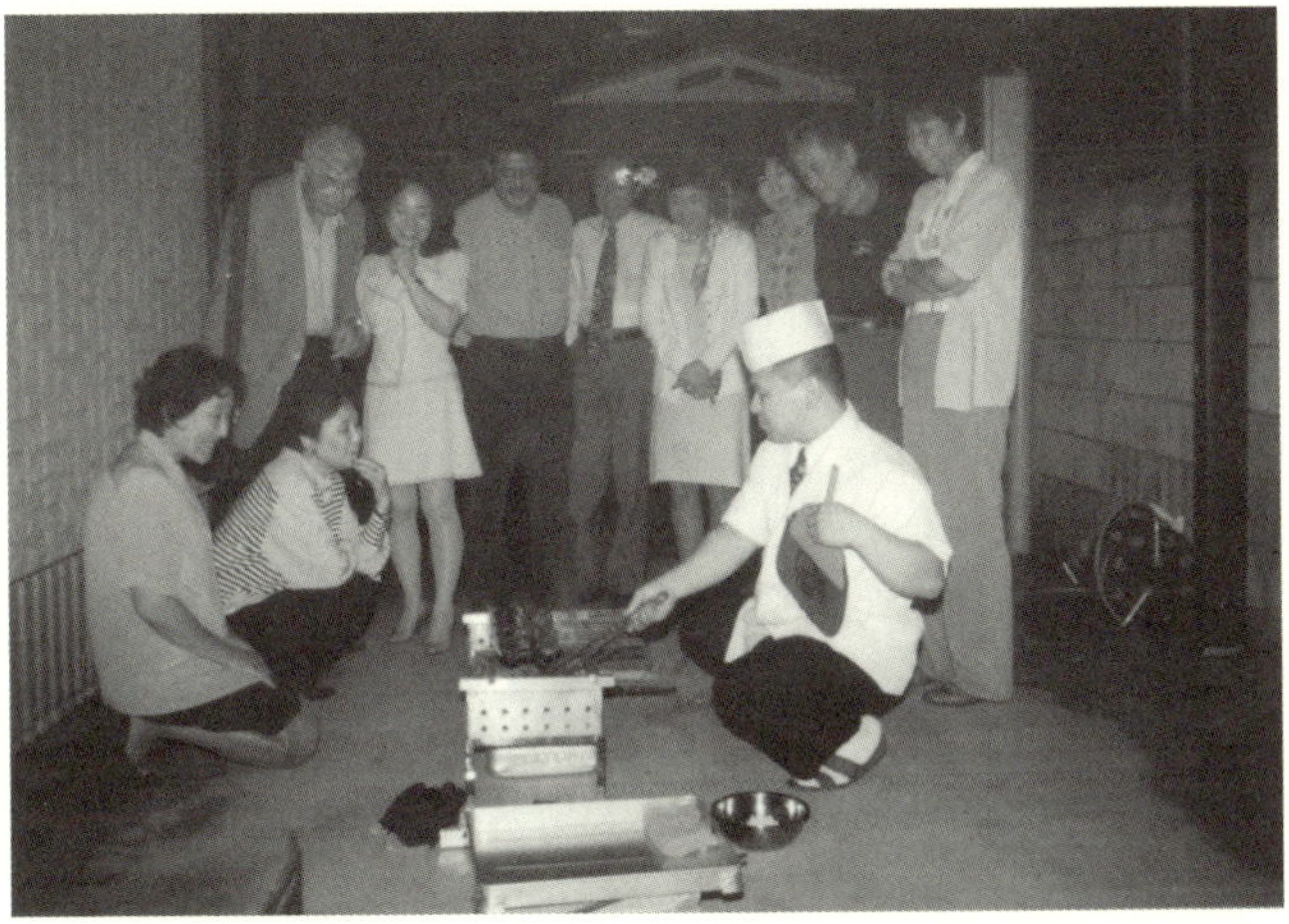

出張料理人の頃。どれだけ仰天プランを出せるかが勝負。

小室　まあ、どんな形になるか分かりませんけど、「やるぞ!」っていう気概はありました。でもやっぱり独立はまだまだ。もっとある程度の量をこなしていくってことも必要かなと思って。それにふぐの免許が欲しいという気持ちもあったので、東京の立川で魚をよく扱うお店に入って勉強しようと。

宇田川　その店をベースに出張料理人をやったわけですか。

小室　出張料理人は、特に看板をつけてやっていたわけではなくて、休みの日に知り合いのところに頼まれて行くぐらい。ちょうどバブル期だったと思うんですけど、テレビが珍しい人をクローズアップするような番組があって、京都辺りで修業して出張料理人をやってる人が出てたんです。それで面白いなと思って。その頃、お茶の稽古も始めていたので、お茶事もある程度のことだったら見よう見まねでできますから、知り合いの先生に、「今度やります?」「じゃあ、やってもらおうかしら」なんていうことから始まって……。

宇田川　出張料理人になるって宣言しても、実際には調理場もないしスタッフもいない。一体どこで下ごしらえなんかをするわけ?

小室　その頃は兄の店があったので、そこに間借りしながらやらせてもらったり。10人ぐらいまでの用意なら家庭の台所でできちゃうので、実家のほうの台所を使って下準備をしたり。材料さえ揃えられれば、後はどうにかできる知恵は、「和幸」時代に培っていましたから。

宇田川　出張料理人って依頼主の要望を一から十まで丁寧に聞いて、事前にすべて打ち合わせするわけでしょ?

小室　大変です。それで必ず要望以上のことをやる。1回の仕事で収入とかいうことは期待できないんです。お客さんが提供してくれた場所で、どこまでお客さんを理解して、仰天プランを出せるかです。当時は漠然と、「自分のお店を持って3万円のコースを出す時に、どういうアプローチがあるだろうか?」ということを考えながらやったりしてました。将来的にはそれぐらいのことをやりたいと思っていたので。でも最初の頃は、一律1万2000円でやってました。

宇田川　その価格設定はどういう判断から？

小室　お客様に対して自分が思っていることを全部やった場合に、これぐらいの値段だったら世間的に文句はないだろうというところです。例えば河口湖の大きな別荘に行くなんていう時は、竹藪に入って竹を7、8本切り出して行く。先方に行ったら竹の筏を組んだところに酒の肴を15点ぐらい盛り分けて、まずはワイワイやってもらって……。

宇田川　調理しながら演出もしちゃうわけだ。ある意味ディレクターを兼ねているようだから、いろいろ創意工夫してやってたんだね？

小室　採算なんかはなから考えてないんですよ。やりたいことをやらせてくれる環境ですし、そういうことで楽しんでくれる人がほとんどでした。出張は3カ月に一度くらいでしたが。

宇田川　自分の料理技術だけじゃなくて、サービスとかホスピタリティとか、今まで経験しなかったことを実験的にやっていたようなところもあるのかな？

小室　ええ。やったことのおさらいも含めてですね。こんなことしたら美味しいだろうかとか、喜ばれるかなとか、そんなことを考えながらですね。

宇田川　それで、立川でなんなくふぐの免許も取った。でも、それだけでは満足しない人だろうから、次に考えたことは？

小室　どこで自分の店を開くことができるかなと。兄貴のところに行って相談したりもしましたけど、結論としてはすぐにはできない。だけど店を開く覚悟を持つということにおいては、いろいろなことを考えるいい機会になりました。

「天地人」騒動

小室　「和幸」を出たのが24歳で、ふぐの免許を取ったのが25、26歳。27、28歳で出張料理人をやっていたんですね。そしたら今度、知り合いの漆器屋の旦那に、「浅草の『天地人』っていうお店に、今、料理人がいないんだけど、やってみない？」って声をかけられて。それで引き受けたんです。

宇田川　どういう類の店だったんですか。

小室　バブルの遺産みたいな店で。でも、造りは割と品が良くてギラギラしてなかった。最初は嵐山の「吉兆」から若い子を連れてきてやっていたんですけど、うまくいかなかったらしくて。

宇田川　じゃあ、それらしい雰囲気の店を作ろうとは思ってたわけですね。

小室　その会社のオーナーは記録映画会社の社長なんですよ。ただその社長は学者肌の人で、日本料理って何なのかとか、贅沢って何かとか、そういう感覚がない人だったんです。しかもバブルが崩壊してから返済が度重なって、経営的には火の車だったみたい。それで、私は何か気のいい奴そうだし、もし何かあったら多少は金を引っ張れるんじゃないかと思われたんじゃないですか（笑）。入ってしばらくしてから、「小室君、そろそろ新規開店の運びとなるわけだけど、実は区の融資制度の話があって、ここに君の名前を書いてくれたら、すぐに融資が下りるんだけど……」と。こりゃ雲行きがあやしい話だと。

宇田川　そんなこと言われたんだ（笑）。

小室　そんなこと危ないと思って、「そういうことでしたら、ここまでということで辞めさせていただきます」と。将来、自分の店を持つのが夢だったので、共同経営とかはちょっと勘弁だなと。

宇田川　そもそも「天地人」の採用条件はどうだったの？

小室　とりあえずやらせてもらえれば、と思ったんです。出張料理を始める時もそうなんですけど、手間賃がどうのとかじゃなくて、ただ始めさせてもらいたいなあって。「天地人」では、自分で使いたい器を使っても構わないって言うから、自分の集めた器なんかを持っていって。

宇田川　実際に営業はしたんですか。

小室　「天地人」にいたのは全部で半年だけでした。掃除に3カ月くらいかかって、3カ月営業。それで、いなくなっちゃったの、オーナーが（笑）。

宇田川　夜逃げしちゃったんだ。

小室　その後もいろいろあったんですけれども、結局、そういういろいろなことを初めて経験して、やっぱり体にきましたね。まだ30歳になるかならないかの時でしたから、今までの人生の中でも一大センセーショナルな出来事ですよ。じゃあ体が癒えたならば、人のふんどしを借りずして何が何でも出店しなきゃいけない、という気持ちは一層強まりましたね。

なにせ神楽坂に店を持ちたかった

宇田川　その後、神楽坂に店を出すまでの数年間は何をやってたの？

小室　その頃は兄貴の店をちょっと手伝ったり、出張料理をちょっと試しながら、ボヤボヤしてたんです。私的に大きいのは、陶芸家の須田菁華《せいか》[*3]さんから、個展の際に会場で簡単なコース料理を出してくれないかって頼まれたことですね。吉祥寺の東急百貨店で、1日2回、30人ずつで、4日間で240人っていう。これはどうしても菁華さんに自分の料理を見ていただくべきだと（笑）。何が何でもやらなきゃいかんと思って、おふくろに100万ぐらい借りてやりました。

宇田川　規模は違うけど出張料理と同じケースでしょ？

小室　そうです。それがものすごく大繁盛のうちに終わりまして、さあ今度は自分の店の番だと。なにせ神楽坂に店を持ちたかったんです。

宇田川　いつ頃からそういう気持ちを持ってたんですか。

小室　「天地人」のあとです。自分の店をやりたいとは思っていたけど、どこでやるべきか、もっと具体的に思うようになったんですね。そんな時に、鎌倉に住む有名な料理研究家の辰巳芳子[*4]さんの家にお手伝いに行ったりしていて、鎌倉も1つの候補になった。でも、ロケーション的に難しいし、夜は圧倒的に弱い。実家に近い国立辺りはどうかなと思ったけど、やっぱり築地市場が遠すぎるし、所得層の高い人はいても、地元にお金を落としはしない、ということを具体的に思うわけなんですね。そこで思いを馳せたのが神楽坂。最初に修業をさせてもらった「和幸」の寮が市ヶ谷田町にあって、自分もそこに住まわせてもらっていたので、近くの神楽坂へはちょくちょく行ってたんです。休みの日に神楽坂の路地を歩くと、日曜日のお昼過ぎでも、チントンシャン、と三味線の音色が聞こえてきて、なかなか風情があっていいなって（笑）。当時、神楽坂に近い河田町には、お台場に移転する前のフジテレビがあったし、市ヶ谷には日本テレビもあって、メディアの方なんかにも需要がある場所だったんですよ。やっぱり人のたくさんいるところでやらないと商売はなかなか難しい。まして初めてやる時には。そう思って神楽坂に決めた。それからはずっと、ありとあらゆる路地を歩いて歩いて、不動産屋のドアを開けて開けて（笑）。

宇田川　神楽坂を訪ねて3年ですか。その頃はどこに住んでたんですか。

小室　昭島です。例の「天地人」のあと、33歳の時に、今の店を借りられるようになったんです。それから平成8年頃に、遠州流[*5]のお家元が信濃町から神楽坂に移ってきたこともすごく大きい。遠州さんの茶事は「和幸」の親方がずっとやっていて、その後釜を私がやれるかどうかは分からなかったけど、近くにいれば簡単なことはいつでもお手伝いできる。そんなことを思いつつ神楽坂がいいなあと思って。

「懐石 小室」を開店

宇田川　3年間さんざん探した結果、今の場所に決めたわけですね。理想の物件をどう描いていたんですか。

小室　表通り沿いじゃなくて、ちょっと入ったところの1階部分で、広さは10坪ぐらい。それで3年経ったある日、毎年やっている「和幸」のお正月の手伝いも終わった2月1日に、お世話になっている不動産屋さんに挨拶に行ったら、別の不動産屋さんに理想的な貸物件が出てたって言うんですよ。それですぐにその不動産屋さんへ行ったら、ちょうどその物件を情報誌に流す直前だったんです。それで、「和幸」さんのお弟子さんだったら間違いないと思うから、もうその話は流さないで止めておいてあげるって言ってくれたんです。

宇田川　物件を見て、もちろん納得？

小室　ええ。ここでスタートできればいいなと。話が決まる時はパパパッと決まるもんで、すべてが2日で決まりました。大工さんはうちの親方のところをやってくれた人。開店資金はなんだかんだとそこそこかかるけど、まあ、どうにかなるだろうっていうところで、とりあえず目算もないままに始めたんですよ。

宇田川　開店資金はどのぐらいかかったんですか。

小室　有難い大家さんで、全部でおよそ1500万円程でした。器類は常々買っていたんですが、他にも諸々結構かかって、ほんとにもう綱渡りですよ。店の看板も、請求書は来てたんですけど支払請求が全然来なかったので、支払ったのは4カ月後ぐらいでした。とにかく請求されるまでは払わない（笑）。最初はそんな風ですよ。だってある時、電話が止まったりしましたから。

宇田川　最初から繁盛してたわけじゃないもんね。

小室　そうですね。5月に開店して、9月ぐらいからフィーバーし始めた。

宇田川　仕入れ代金なんかはどうやって算段したんですか。

小室　とりあえず浅草時代に培われたんですね。どうしようもないところから支払う。今はそんなこと全然ないですよ。支払いをしっかりすることでいい素材が来るっていう関係を保っているので。最初は顔見世興行的なところもあって、お昼は3000円から、夜は8000円から。1、2年のうちはお客様の意見も聞きながら、自分の思う店にしていこうと考えてましたけど、まあ、気概だけは相当たるものがありました。

宇田川　当時、「辻留」とか「吉兆」クラスは3万、5万なんてコースもあったでしょう。今言われた価格帯は、大袈裟に言うと、既存の価格体系に対抗する気概の表われですか。

小室　はい、めちゃめちゃありました。打倒「京味」ぐらいの気持ちですね（笑）。そ

「懐石 小室」開店。家元からの花輪と共に。

れで思い出したのは、昔、知り合いの結婚式に呼ばれた時、「京味」の西健一郎さんが隣のテーブルにいたんです。同業であり、先頭を走っている方がすぐそばに背中を向けていらっしゃいまして。

宇田川 その時、挨拶に行ったわけ？

小室 行かない（笑）。レベル的にはやっぱりめちゃくちゃすごいし、尊敬もしてる。だけど、敢えてことは交わらずに思い切ってやると。また、別の機会に、知人に「京味」へ食事に誘われたこともあったんですけど、「いえ、それには及びません」って。

宇田川 断ったの？

小室 ええ。というのは、手の内を見たくない。見て戦うよりも見ないでおこうと。すごいということはもちろん認めているんですけど、西さんの料理を見ずして伍していけるよう頑張ろうっていうのが、私の発想なので。若い頃、修業先を探して70軒電話した時に、電話口に出た「京味」の若い子が、「うちは今いっぱいで、弟子は採ってない」っていうことでお終いになったわけですけど。「『吉兆』、『京味』、今に見ていろ俺だって」、みたいな感じですね。

宇田川　まさに運命のすれ違いかな（笑）。

小室　手の内を見ちゃうと、なんか真似ちゃうじゃないですか。でも真似したくない。そういう意味合いで、この人とは一切挨拶なしでいこうと。

宇田川　例えば、作家の中にも、執筆中は絶対に他の作家の本は読まないっていう人が多いらしい。それでオープンして4カ月、閑古鳥が鳴いて、大変だった?

小室　なにしろ兄弟、親戚とはいろいろあって、縁を切りながらぐらいの状態でスタートしてますから、当然誰も来てくれない。そんな中、修業先のおかげで遠州さんのどなたかの誕生日会で使っていただいたり、商店会長さんに来てもらったりしてました。

宇田川　将来的な不安とかはなかったんですか。

小室　全然ないですね。なにしろ始められるっていうことが嬉しい……。どこだってそんなにすぐお客様が来るっていうことはないわけだし。金策とかもあるし、そんなことで5月、6月はあっという間に過ぎました。

最高の食材を使う店

宇田川　ブレークするきっかけは何だったんですか。

小室　「四季の味」っていう季刊誌に、「和幸」の親方の薦めで4年ぐらい連載していたんです。そんなこともあって、「四季の味」は割と気持ちよく、私の店ができたことを喜んでくれて、カラーで8ページの特集を組んでくれた。他に「家庭画報」の新店紹介コーナーが、親方の紹介で取材に来てくれた。その2つに出たことで取材がワッと来て、年内で申し込みが10数件あったんです。とりあえず1年間は、仕事が重なってない限りは全部出させてもらおうと思って出てたんです。ただ、ものすごく反響があったのは「ｄａｎｃｙｕ」。新年号の「今年一番の店」みたいな企画で、カバーを開いてすぐのところに扱ってくれた。そのおかげで電話がジャンジャン、ジャンジャン（笑）。受話器を降ろすとまた鳴って、降ろすとまた鳴って。「そろそろお客さんが来る時間だから、もう線抜いておけー」っていう感じで（笑）。

宇田川　そんなに鳴るもんなんだ（笑）。

小室　ええ。実数はつかめませんけど、おそらく毎日１００人以上の人から電話をいただくという時期が随分続きました。そういうことが続くと、普通は値段を変えるお店が多いんですが、私はそういうことはしないで、無理のない範囲で手頃な価格設定は残しながらやっていたんです。とりあえず店の存在を知ってもらえれば、自分のやりたいラインに近づけていけるだろうということで。

宇田川　そういう価格設定って、結構頭をひねるでしょう？

小室　ええ。あんまり極端なことをやると、明日から誰も来なくなる可能性もあるんです。ちょっと極端なことをはなからやっていたもんで（笑）。

宇田川　まあ、それは小室さんに自信があるってことなんだろうけど。小室さんは、春夏秋冬、東京で一番いい食材を仕入れたいと思ってるんでしょう？

小室　単純に、一番いいものってすごいんですよね。扱っているこちらの気持ちも上がる。やっぱり日本一の鱧って骨切りも気持ちいいし。星鰈なんかも包丁入れて味見をしたら、旨いなぁと思う。常日頃、一番最高のものを買う。そういうことを普段からしていれば、少なくとも私の中で負けるものがないはずだと。誰かに何を言われても、ちゃんと説明ができる。言葉の要素を持てる。で、一番最高のものって、突然は買えないんです。「明日、一番いいもの入れてね」って頼んでも。

宇田川　どうして？

小室　怯むんですよ。1番いいものと2番目のものって、値段が大体2倍以上違う。どうかすると3倍だったりする。うちに来る鱧だと、大体3倍から4倍違います。もちろん味も全然違う。

宇田川　圧倒的な違いなんだ。

小室　どの食材もそんなに差がつくわけじゃないんです。コースの食材全部が3倍も4倍も離れてたんじゃ、それこそ1人15万はいただかないと（笑）。

宇田川　開店当初から最高の食材を使おうと思っていたんですか。

小室　いや、そうでもないです。1年くらい経った頃に、だんだんそういうものを買おうと思うようになって。

宇田川　食材を見る目の確かさとかも必要だし。やっぱり相当鍛錬してきたんですか。

小室　「和幸」でいいものを見てきてるっていうのは大きいですね。「和幸」はいい材料を買ってましたから。丹波の松茸とかは、丹波に流通網を持っている京都の「八寸」の親父さんのおかげです。京都の食材は「八寸」の親父さんに聞くと、「小室君なら何でも教えたる。何でも聞いてくれ」っていうような感じですから（笑）。

宇田川　東京の築地市場に関しては、さっき話していたように、常に継続していいものを買っていくことで繋がりができると。

小室　そうですね。もちろん「和幸」の親方が買っていたところもいいんですけど。うちは魚屋なんかには、毎日ニコニコ現金払いなのに、時々「吉兆」さんの若造が来て、こっちが先なのにパッと済ませて帰っちゃう。そういうのを何回か見たら腹が立ってきて（笑）。気分のいいところ、どこかないかなと探して。やっぱり朝の買い物は1日のスタートだから、すごく大事なんですよ。朝買った材料がいいと、これで今日はお客さんを喜ばせて……と気分が乗るわけですよ。

宇田川　東京のフランス料理人に聞くと、1軒目で頑張ってる時は、朝、市場に行ったりするけど、そのうち市場と良好な関係ができると、電話1本で持って来てもらったりするらしい。小室さんはどうですか。

小室　毎日行ってます。時間がどうしても許さない時には持って来てもらうこともありますけど、9割5分ぐらいは行ってます。面白いもん。

宇田川　面白い？

小室　だって、お金使えるんですよ（笑）。お金を使えるということは楽しいじゃないですか。松茸を買う時なんか、「はい、45万」みたいな。気持ちいいっすよ。

宇田川　じゃあ、毎朝たくさん現金を懐に忍ばせて（笑）？

小室　特に松茸の時期なんか、入り切らないほど持って行きますね、封筒に入れて。ちょっと足らなければ明日にするねってことはありますけど。今、うちの冷蔵庫に入っている松茸は、全部で100〜120万ぐらい。

宇田川　考えてみたら、フランス料理の食材の中でキロ単価で一番高いのは白トリュフ。日本は何だかすごいね（笑）。

小室　あと、日本のすごさって作り手が根をつめるのを面白がること。日本の食材って1番だけじゃなくて2番でも美味しいわけだから、1番じゃなくてもいいじゃないかって思うんですけど、私はこの根をつめるということの面白さを自分でまず体現したくて、感じたくて。その面白いところ、美味しいお味を、お客様に召し上がっていただけたらなぁと。自分のアンテナが届く範囲でしかないから、僅かではございますけれど……。

食材の宝庫「徳山鮓《ずし》」

宇田川　フランスがすごいって言ったって、日本の食材の豊かさには敵わないのよ。特に魚介類はね。私が無知なだけかもしれないけど、日本には名前も知らないような食材があったりするんでしょう?

小室　先日、余呉湖にある「徳山鮓《ずし》」の徳山さんのところに行ったんです。そしたら、苔みたいな珍しい植物なんですけど、それを4時間も山の中に入って採ってきてくれた。おひたしの食材で、地元にしかないし、図鑑にも載ってない。

宇田川　その方は日頃から、新しい食材を発見しようとしてるんですか。

小室　自然の野山に入って、まだ材料として知られていないようなものを探しているそうで、その界隈で採れる材料の造詣の深さたるや……。そこに行く度に、知らないものが1つ2つ現れるんです。まだ50や100はあるそうですよ。テリブナなんて知ってます？　原始的な魚で、体は鮒なんですよ。顔は深海魚。鮒なのにオコゼみたいな顔してる。他にもイワトコナマズとかね。

宇田川　それ、食べると美味しいの？

小室　美味しいんですよ。もうほんとに、びっくりするくらい美味しい。

味の記憶

宇田川　ところで、小室さんは季節ごとに料理、献立を考えると思うけど、そういう時の感覚はどういう風に身に付けていったんですか。

小室　ごくごく最初は、「和幸」で習い覚えたことをしてたんです。それから料理書を読んだり、いろいろ食べ歩きをして。20代半ばから15年ぐらいはよく食べ歩きました。

宇田川　和食ですか。

小室　和食がほとんどです。そうやって食べて料理人のセンスを見たりして、納得したりそうでなかったり。献立に関しては、やっぱり基礎的なことから構築していくので、前からやっていることをどれだけリメイクできるか、そんなことを考える。それで煮詰まってきた時に、30代までは料理書をひっぱり出してきて参考にするとかもしてましたけど、40代になってくると、今度は自然と自分の中で想像できるようになって。例えば鱧の時期が始まると、鱧がなにしろほんとに美味しいので、それでお椀はほぼ決まるわけです。それから煮物で何をしようかなとか、先付けは何にしようかなとか、去年と比べながら考える。同じように器のことも考えながら……。

宇田川　そもそも味覚って、持って生まれたものだと思いますか。

小室　毎回毎回、真剣に味わって磨き上げるんです。普通の平凡な味はどんどん流れていくんですけど、美味しい味っていうのは記憶するんですね。例えば、私は今でも、26歳か27歳の時に食べた京都の「一よし」の若竹のお椀を、いつも作りたいと思ってるんです。味がきれいにキレてて、筍の美味しさ、わかめの歯触りのほどよい柔らかさ、そして京都の山椒の芽のフーッとくる香りの、このコンビネーション……。

宇田川　上蓋を開けた瞬間からの記憶ですね？

小室　ええ。特に定番の料理の美味しさっていうのは、もう20年もずっと忘れないで覚えてる。

宇田川　味の記憶と言うと平べったい言葉になっちゃうけど、例えばそういうイメージっていうのは、引き出しの中にいっぱいあるわけ？

小室　ありますね。例えば、すっぽん鍋や鯛の造りは「八寸」。あとは京都の「祇園川上」さんの細やかなものがいくつかありますね。もちろん他にもたくさん。

宇田川　店と味の記憶とは緊密に結び付いているわけだ。

小室　結び付きますね。美味しいっていうことは、根本的な味の組み合わせです。醤油と塩と酒と、生姜だったり昆布だったり、そのバランスをどう取るか。また、入れるタイミングと引き上げるタイミングで味は微妙に変わってくる。そういうことを経験から割り出して作っていくのが、料理という作業なんです。

宇田川　基本は、蓄積されたものが詰まった引き出しを開けて、そこに新しい要素を足していくっていう感じですか。じゃあ日本料理において、料理人のクリエーションってどこまで発揮できるものなの？

小室　日本料理で言うと、「これ何でできてるのかな?」と思わせるくらい食材をいじり倒す料理人もいますし、オーソドックスに仕上げる料理人もいます。でも、私はやっぱりその両方があって、その食材が最も冥利に尽きるであろう形にするのが理想的だと思います。例えば魚であれば、今、この時期によくぞ入ったっていうような1匹を、すり身にしちゃうんだったらあまりに芸がないじゃないですか。その身の持つ弾力、形、ポーションだとか、いろいろな魅力があるわけですよね。それらを生かすために一番理想的な形を考える。

宇田川　なるほど。東京で、いわゆる懐石という名でやっている店の中で、小室的評価に堪えるレベルの店ってありますか。

小室　あくまでも私の好みということで言わせていただくと、若い頃と比べてちょっと変わっちゃいましたけど、「吉兆」さん。あとはやっぱり「京味」さんのブランド力を作ってきた西さんに敬意を表します。

宇田川　じゃあ京都でも、小室さんの厳しい評価基準に耐え得る料理屋は少ない?

小室　京都でも、私が見て面白い水準のお店ってそうないですよ。京都だったら「八寸」と、「一よし」さんという、「かわしげ」出の旦那がやっているところ。それから「八寸」出身の子がやってる「おきな」。あと「祇園川上」さんは京料理らしい……。私が「時間があれば料理をいただきたい」っていうところは割に少ないですね。

宇田川　じゃあ全国でも、正統的な日本料理を食べさせるのはそんなに多くないんだ。

小室　たとえ料理にセンスがあっても、パイが大きくなると、お客様を毎日100人くらい入れなきゃいけない。そうすると料理とは違う分野の仕事になっちゃう。つまり経営者になる。そうすると私には興味のないところに行っちゃうんです。1人の手から繰り出されるものって限られているから。

宇田川　フランスのミシュランは星付きが支店展開するようになると、星を下げて降格させるとかして、無言の警告を発する。本店1本で勝負しろと。まあ、ポール・ボキューズぐらいの大御所になれば、支店展開したってミシュランも目くじらを立てないけど。

小室　ボキューズにしてもそうだと思うんですけど、ほんとの手練れで、最高な仕事をする人の周りに、センスのある料理人が集まることがあります。「吉兆」さんもその中の1人だった。戦前のことですが、ほんの数カ月の間に、大阪、京都、嵐山、神戸に4軒ぐらい支店を出すんですよ。その時の湯木貞一[*6]さんにはやっぱりものすごい求心力があって、実力のある人たちがドッと集結した。それを単に1店舗で抱えて、ものすごく濃密なものを繰り出すよりかは、もう少し伸び伸びとさせたほうがいいんじゃないかっていうことで支店を出した。そういう機運の高まりもあったんでしょうね。だから、大した器でもないのに多店舗展開していくようなお店は、そもそも水っぽいのに余計水っぽくなっちゃって……。

遠州流の茶事を一手に

宇田川　さて、茶事についてお聞きしたい。そもそも、読み方からしたって「さじ」か「ちゃじ」なのか分からない（笑）。両方とも間違いじゃないそうだけど。小室さんはお茶事の中で、どこからどこまでコミットしてるの？

小室　料理のところです。例えば、来週家元のところでお茶事があるとすると、家元のお弟子さんや庭師の他に、うちのほうで5人、計15人ぐらいで大体5人のお客様を接待するわけです。

宇田川　茶事はどういう時にやるんですか。

小室　家元の手が空いた時です（笑）。やっぱり年中行事がいっぱいあるので。家元が秘蔵の茶器を使ってやる正式な茶事を「小室」で承るっていうのは、今、春と秋の年2回。毎年1月に東京と九州の2カ所で点初《たてぞめ》をやりますが、東京では1000人、九州では200人くらいの方々が集まります。
宇田川　遠州流の茶事を一手に引き受けているわけですか。
小室　今は私が中心にやらせてもらってます。その前は「和幸」の親方でした。
宇田川　世間からもっとリスペクトされてもいいと思うけど（笑）。
小室　まあ、他人の目はどうあれ、やっぱり自分が面白いってことが第一なので……。
宇田川　親方の高橋さんは、ゆくゆくは小室さんに遠州流の後釜に座ってもらおうとか考えてたんですか。
小室　ええ、だいぶ前からそれとなくは言われてました。何しろ茶事が決まると、前もって親方に忙しい時間帯を聞いておいて、空けておくんです。それで一番必要な時に必ず馳せ参ずる。それというのも最初の思いは、とりあえず親方に認められないような弟子であっては、世間に打って出るのに力が弱いなと。何かある時に、自分から言わなくても、親方が自然と、「うちでやってた小室はね……」って話の中に出てくるような存在にならなきゃ、うまくいかんだろうと。
宇田川　で、そういう存在になっていったわけね。
小室　まあ、そういう風になったかどうかは分かりませんけど、まずそういう風に動いていけば、動かないよりは良いであろうと。

カウンター越しに学ぶこと

宇田川　さて、神楽坂で「懐石 小室」を始めて14年。カウンター8人と小上がりの小体な店だけど、カウンターのライブ感って日本独特なもの。客がカウンター越しに料理人の美しい手技を見るのは格別です。一方で料理人は客との会話が求められる。まあ、店にはいろんな人間が来るわけじゃない。世間では寡黙と思われている職人がこれをやるのって一苦労でしょう？

小室　まあ、私は話し好きな人間なので、その辺は。開店当初は年若い人もいらっしゃいましたけど、基本は私より年上のお客様。だから、対面でやることも含めて、どうやってパフォーマンスしようかっていうのはちょっと考えましたけど、もともと私はお喋りで、自分がやっていることを発表したいというのがありますからね。全然問題なくて、逆に水を得た魚の如くスイスイと泳いだ。ただ目の前に苦手なお客が来た時は、最初はほんとに災難だなと（笑）。今は少し大人になったので、対処のバリエーションもいろいろあるんですけど。

宇田川　料理でもジャズみたいに、客を見て即興でやるっていうことはありますか。

小室　時々あります。ある日、巨大なクエをお客さんが釣って来まして、うちで食べることになって何人か来たんです。それで私が調理していたら、クエを釣った旦那が、「おい、親父、それステーキにしたら旨かねえか？」って。

宇田川　分厚いステーキにしたわけ（笑）？

小室　厚さが指3本ちょいぐらいで。フライパンで焼いたんですけど、これは肉でしたね（笑）。みんな「旨いねぇ」って。この方は分かってる味を出すと、嫌な顔というかつまらない顔をするんですよ。反対に、今まで食べたことのないものを出すと、「旨いな。すごいね」って。そういうことがとても楽しい。

宇田川　カウンターで仕事をしていると、どんな人がいい客かとかよく分かるでしょ？

小室　ええ。2年前くらいかな、「参ったね」ってお客さんがいましたね。80歳近い、感じのいい人で、「小さい頃から、よく親父に花街に連れて行かれてね。待合の脇の部屋なんかに入って、芸者衆に遊んでもらってたんですよ。でも料理のことには疎くてね……」なんて、ニコニコ話すわけです（笑）。

宇田川　嫌みな親父だね（笑）。

小室　ええ。私もちょっと眉に唾付けてた。小さい頃から芸者衆に遊んでもらってたなんて、粋筋以外の何者でもないわけですよ。だから私もちょっと油断しちゃって（笑）。

宇田川　油断してどうなったの？

「懐石 小室」でのクリスマス。この後、おせちの仕込みによる激務が待っていた。

小室　ご飯の後、「親方がフグの雑炊なんてのをやる時には、どうするんですかねぇ?」って聞かれたんです。その聞き方が誘導尋問みたいに上手い。それで私は、「何だそんなことも知らないのか」なんて、通常通りのやり方を説明したわけです。そうしたらその人が、「私がします時は、生米からやるんですよ。そうしますと、なかなかいいとろみがね……」って始めて（笑）。「ちょっと自然なとろみの効いた、お米の香りがフッと立つような雑炊なんてのも、美味しくてね」って。「なんなんだこの親父、今、俺に教えてるだろ」と（笑）。いいお客というか、面白いお客さんだったですね。

宇田川　客として油断ならない人が来ると、ちょっと嬉しい感じですか。

小室　嬉しいですね（笑）。「よしっ！　来い！」みたいなね。「今日はどの手を使おうか」なんて。

宇田川　でも、なかなかそういう客っていないでしょう？

小室　少ないですね。これは京都の「祇園川上」の先代の話で、今から遡ることもう60年近く前ですけどね。店を始めた頃にお客さんから、「祇園町で店やるなら、こんなの知らんとあかんで」「あんたなあ、あそこ行って食べて、勉強しておいで」みたいなダメ出しがゴマンとあったらしい。川上の旦那曰く、「それが70代ぐらいにもなってくると、もう教えてもらえなくなりました」なんて。祇園で40年も店を構えてる旦那に意見ができる人なんて、そりゃいないでしょと思います（笑）。とはいえ、私は今40代ですけど、そういう感じの話をしてくれる人はそんなにいないですね。

宇田川　小室さんにとって食べに来てもらいたい客ってどんな人ですか。つまり、懐石という日本料理の最高峰を食べさせるわけだし、値段も相当高い。「金持ちしか行けないんでしょ？」って思う人もいる。誤解されたら困るけど、フランス料理っていうのは店が客を選ぶことがあるんですよ。例えば、銀座の高級クラブには、一部上場企業の社長でも学生でも金さえあれば入れるけど、フランスの高級レストランには、たとえ金があっても若者は来ない。

小室　金持ちしか行けないって思っている人は、そこから自分を外して見てしまってるところが、何て言うか、つまらないなって思う。「それ、金持ちが行くところだろ」って、違う世界だからって諦めちゃっているような人は、頑張る気をはなからどこかに置いてきちゃってるわけだから。「文句を言うんじゃないんだよ、そこに立とうとすべきなんだよ」って、私は思います。落語の「紺屋高尾」にあるように、高嶺の花である高尾太夫と、「たとえ一晩でも」っていう夢物語を実現して、しかも嫁さんにする。そういうポテンシャルをやっぱり人は持つべき。興味を持つならね。興味を持たないんだったら構わないんですけど。

宇田川　懐石料理だってフランス料理だって、高い高いと言ってもせいぜい数万円じゃない。普通のレストランに行く回数を減らせば、なんとか行ける金額でしょう。店が客を選ぶということの意味は、金の問題じゃないの。大袈裟に言えば、その人の食べ物に対する考え方や生き方が問われてるからなんですよ。不思議なもので、高級店に行って客を観察してると、人間のマナーやセンスや生態がよく分かる。だから、普段は安い定食を食べていてもいいから、年に1、2度は行って欲しいと思うんだけれども……。

小室　怯んじゃうと、一生そこには行けないわけですよね。

宇田川　最後に、ちょっと将来のこともお聞きしたい。「小室」の将来の構想は？

小室　もう店を始めて3年目くらいから、移転したいと思ってます。そう思って早10年（笑）。ずっと神楽坂で土地を探してるんです。神楽坂を気に入ってますし、やっぱり家元の近くにいたいなと思って。なにしろ家元の仕事が楽しいので。

宇田川　なるほど。探して10年、早く決着をつけたい。

小室　ええ。ぜひとも近いうちに勝負をつけたいと思って。もう、そこの若宮さん（若宮八幡神社）に行っちゃあ、念じてるんです（笑）。

註

P.177 ＊1 辻嘉一（1907～1988）
茶道裏千家出入りの京懐石の老舗、「辻留」の二代目店主。54年には東京出店を果たした。

P.197 ＊2 北大路魯山人（1883～1959）
京都・上賀茂神社の社家の生まれ。陶芸家・書道家・美食家など様々な顔を持つ。会員制料亭である「美食倶楽部」や「星岡《ほしがおか》茶寮」を運営した。

P.206 ＊3 須田菁華《せいか》（1940～）
1906年に開かれた九谷焼の窯元、須田菁華窯の四代目。同窯元では北大路魯山人も陶芸を学んだ。

P.207 ＊4 辰巳芳子（1924～）
料理研究家の草分け的存在であった母・辰巳浜子に家庭料理を学び・家庭料理・西洋料理研究家となる。父への介護食であった「いのちのスープ」にかかわる活動が話題に。

P.208 ＊5 遠州流
武家茶道の一派である遠州流茶道。当代は13世家元・小堀宗実。「懐石 小室」は当流派の茶会において茶懐石を任されている。

P.222 ＊6 湯木貞一（1901～1997）
名料亭「吉兆」の創業者。高い美意識を料理に取り入れ、日本料理の地位向上に貢献。「吉兆」を国賓クラスの要人をもてなす日本料理店へと育て上げた。料理人として初めての文化功労者に選出。

宇田川 悟

×

「クイーン・アリス」
石鍋 裕

「アルポルト」
片岡 護

「懐石 小室」
小室光博

右から「クイーン・アリス」石鍋裕氏、「懐石 小室」小室光博氏、
「アルポルト」片岡護氏、著者の宇田川悟。

異文化・多国籍な調理場で

宇田川　片岡さんは68年から5年間イタリアに滞在し、石鍋さんは71年にフランスに行って5年後に帰国。片岡さんは自分でおっしゃっている通り、領事館付きだったから、苦労もしないで恵まれたイタリア生活を送ったんです（笑）。小室さんは海外経験なし。

小室　なにしろ私が料理人を目指して入った時は、お2人とももうトップアスリートの如く活躍されていた。片岡さんは苦労されてないっておっしゃるけど、当時は絶対大変だったわけで、その言葉の裏には相当やっぱり……。

片岡　確かにそれはあるよね。

小室　みなさん、功成り名を遂げてるお方って、そういうことをどこか面白がってやっていらっしゃるような。

片岡　うん、それは楽しかったよね。すごく楽しかった。

石鍋　基本的に、人の上に立つっていうのは、人の倍やるからであってさ。

片岡　そうだよね。

石鍋　3倍やればその上に立てるわけだし、4倍やればもっと上に行ける。ただ、給料がそれに比例していかないっていうのが、悲しいことに日本の現状だよね（笑）。

宇田川　フランスやイタリアだと、ちゃんと仕事ができれば、働けば働くほど給料が上がっていく、実力給を採用しているような気がするけど。
片岡　あのね、イタリア人は90％が働きません（笑）。最悪です。働かないで金もらおうっていう考えだから。
一同　（笑）
小室　石鍋さん、片岡さんが海外に行っていた頃って、今みたいに日本人がたくさん海外に行ってる時代ではないじゃないですか。
石鍋　ええ。でも、結構いましたよ。
小室　その頃の違和感とか不自由さってどんな風な塩梅だったのか。それとも、仕事で吸収しよう、何かしてやろうっていう思いが強くて、そんなことは気にならないぐらい情熱に駆られていたのか……。
石鍋　それについては僕はあまり対象にならないかもしれない。だけど確かに、日本のことをよく知ってる人は当時まだまだ少なくて、「日本ってアジアの端っこにあるんだろ」ぐらいな感じだった。例えばアルザスで働いていた時に、仲間とディスコに行ったんですけど、ちょうどそこに金魚鉢が置いてあって、みんなに「お前ら金魚食うんだろ」って言われた（笑）。

片岡　日本人や中国人は藁を食べるんだろって言われるわけ。要するに燕の巣は藁でできてるから、それを食べるっていうのを言ってるんだけど。なんであんな藁を食うんだって（笑）。

小室　日本ってヨーロッパから見ると、中国の一部みたいな感じなんですか。

片岡　イタリアではまず、「お前は中国人か？　日本人か？」って聞かれる。

石鍋　フランスの場合は、一応、認識はできてる。「日本っていうのはいい文化を持っている国だ」っていう認識がある。

宇田川　石鍋さんの働いていた調理場には、フランス人以外にアラブ人や黒人もいたと思うけど、立場としては彼らより下でしたか。

石鍋　下ではないですけどね。洗い場だとか掃除っていうのはアラブ人と黒人がやる。フランスに定住して仕事をしている彼らにしてみれば、自分たちがさせてもらえない重要な仕事をやっているわけだから、日本人や他の外国人のことを憎たらしい連中だと思うわけです。だから自分たちだけの世界を作る。また、フランス人はフランス人で自分たちの世界を作っている。その狭間にいる我々としてみれば、一応フランス人のエリアに入るんだけど、日本人の性格からしたら、フランス人みたいな命令口調で、アラブ人や黒人たちに「これやっとけ」とか「あれやっとけ」と言えないじゃない。仕事上、そういう風にやらせること自体は正当なんだけどね。だから、「早く洗って」とか「持ってきて」とか頼むんだけど、それじゃダメ。とにかく、どうやって彼らを使っていくかっていうのが課題になってくる。調理場なんて朝、鍋の取り合いから始まるからさ。小さな店ならいいんだけど、セクションが分かれている大きな店だと、自分のパートで使いたい鍋があったら、それをどうやって先に持ってくるかを考える。

宇田川　でも、現実には差別された場面とかあるんでしょ？

石鍋　差別じゃなくて区別ですね。区別って別に何をやっていても文句言われないんです。差別は、やる仕事に関して最初から自分が外されてるわけだから。

宇田川　片岡さんはそういう意味では恵まれた人だから。

片岡　僕、かごの中の鳥だもん。餌与えられて、言われるようにやんなきゃいけない。

一同　（笑）

宇田川　領事から、「ここに行け、あそこに行け」って言われて行ったわけでしょう？そういうところに行くと、まだ日本人なんて知らないコックがたくさんいるから……。

片岡　そうすると特別扱いだよ。逆に何でもやらせてくれる。

宇田川　とはいえ、個人の力量を問われることってあるわけですよ。「何だこいつ」って、冷やかな目で見ている連中もいる。

石鍋　ええ。

片岡　イタリア人はフランス人とは全然違う。イタリア人はもっと大らかで、僕がいた頃は、お前らは仲間だから好きにやりなっていう感じでした。下っ端の鍋洗いの人間が、シェフに「お前」って言ってるんだもん。お前、どっちが偉いんだって（笑）。イタリアはそういう大らかなところがいい。だから逆に修業にはならない（笑）。イタリアに行って帰って来た人間は使えないもん。

石鍋　（笑）でも、今はだいぶん違うでしょう？

片岡　違わないですよ。三ツ星に行ったってひどい人もいますよ。

石鍋　でも、そういう人間を上手く使えるっていうのは、すごいと思うよ。使えなかったら話にならないもの。

圧倒的なヨーロッパ肉食文化

小室　以前、うちに来たお客さんでイタリアに詳しい人が話してくれたんですけど、「僕が昔イタリアに行ってた頃なんか、マグロなんて本当に安くてトロも食べ放題。全然高くないしね」って。

片岡　僕がミラノにいた時もそうで、40年ぐらい前だけど、トロなんかめちゃくちゃいいのが入るわけ。マグロが入るたびに領事館でパーティーをやって、寿司をふるまって。

宇田川　イタリアは日本と同様、海に囲まれていて、魚介類をよく食べるって聞くけど。

片岡　そうだけど、魚の扱い方は知らない。だって店でマグロ1匹買っちゃうんですよ。20～30人分しか席はないのに、これどうするの？って（笑）。

小室　それこそ20～30年前の話でしょ？　今もそうなんですか。

片岡　そうですよ。

小室　すごいですね。江戸時代の「八百善」みたいですね。

片岡　もともとの考え方が違っていて、魚は時間をおけば美味しくなると思っているわけ（笑）。

宇田川　今は外国人もマグロの旨さを知ってる。パリなんかは日本食レストランが600～700軒あるから、マグロの需要もそれだけあるわけです。昔は魚屋の平台の端っこの、カンカン照りのところに置かれていたのが、今はサクにしてるし、トロも高くなった。

片岡　以前は、カルパッチョには牛を使っていたんですよ。でも今は魚なんです。ヘルシーだから、イタリアでは魚のカルパッチョがすごく売れる。だけど使ってる魚はみんな扱い方が悪くて、デレッて感じなんです。

小室　やっとお腹が痛くならないくらいの感じなんですか。

片岡　そうそう。それで、食感や匂いについて言えば、イタリア人はすごく鈍い。日本人が行ったら、「もうこんな国で魚は食べられない」って思うんじゃないかな。

小室　日本って生で食べることが大前提にありますからね。

片岡　やっぱり新鮮さと旨み、匂いと香りをすごく大切にするじゃないですか。だから、腐ったもの、腐りかけたものなんてもってのほか。要するに、ヨーロッパは肉の文化なんですよ。

小室　肉は置いておきますね。

片岡　寝かせて食べるのが一番美味しいわけ。魚はそんなわけにはいかない。

石鍋　魚を雑に扱うから。鱗も付いてるし、まな板も洗わない。

宇田川　フランスにしても、一般人が魚を食べるのはせいぜい1週間に1度ぐらい。昔からその習慣はそれほど変わっていない。やっぱり圧倒的に肉食文化だから。

石鍋　ところがパリでは、日本より大掛かりに、きれいに生ものを扱っている店もあるんです。特大の水槽にエクルビス（ザリガニ）だとかイワナだとかを飼って、入荷した順に下ろしていくとか、すごいシステマチック。

豊かで自由な階層社会？

宇田川　今はバーチャルな時代だから、海外に行かなくても分かったような気分になっちゃうけど、現地には絶対に行かなきゃダメ。現地で食材を見て触って、客を見て、雰囲気を味わうっていうことが必要だもの。小室さんが外国に行かない理由は？

小室　まず、行かない理由の1つは、時間があったら京都や金沢に行くってことがとっても楽しいから。

片岡　小室さん、ヨーロッパは行ったほうがいいですよ。でも行く時は1人じゃダメ。石鍋さんと行かなきゃ。

一同　（笑）

片岡　お金持ちと行かないとダメなのは、行く場所が違うから。行くレストランも違うし、食べるものも飲むものも、全部違うんです。

石鍋　そういう意味で、バブルの時にはそれなりのメリットがあったんです。ヨーロッパ一周旅行なんてして、三ツ星で食べると……。

宇田川　バブルは日本人を狂わせちゃったけど、メリットもあった。多くの日本人がフランスに行って高級レストランで食べたこともそう。ノートルダムに行って、セーヌで観光船に乗って、ルーブル美術館で観賞し、星付きで旨いものを食べた。マナーは最低レベルだとしても、とりあえず食べたっていう事実は大きい。日本人のDNAに何かを残したはず。

石鍋　ロンドンって、人によって、「あんなマズイところ」って言う人と、「いやロンドンってそこそこ食えるんだ」って言う人がいる。結局、食えるんだって言う人はお金を持っている人なんです。あそことあそこに行けば、そこそこ食べられるとかいうことを、ちゃんと分かっている。

小室　全部が全部マズいわけじゃなくて、ちゃんと美味しいものを食べさせる店もあると。全部を否定するんじゃなくて、きちんと情報を持っていることが重要ですね。

石鍋　でも、どこの国でも、汚いところは汚いところなりの楽しさがあるんだよ（笑）。

片岡　そうだよね（笑）。

石鍋　ヨーロッパも、歴史のある大都会には金持ちもいるけど、貧乏人もいっぱいいるわけじゃないですか。今日明日食えない人たちもいっぱいいる。ところが、食えなくても、お金がそんなになくても、1日を過ごせるような場所がたくさんあるわけ。あれは良くできたもんだなあと感心する（笑）。

片岡　料理もまったく同じなんですよ。

宇田川　フランスは階層社会って言われるけど、見方によっては、それぞれのクラスが快適に暮らす方法を知っているとも言える。

片岡　金持ちが庶民のものを食べて美味しいっていう場合もあるわけです。でも、庶民は三ツ星の店なんか行かないですよ。自分たちの行ける範囲の店で楽しんでるから。ヨーロッパは、ほんとにピンからキリまでの料理がありますよ。パニーニでも旨いのがあるし、フランスパンも美味しい。

石鍋　あの世界に入ると、ここから抜けられなくなるんじゃないかっていう、恐怖心が湧きますよ。

片岡　小室さんがもしヨーロッパに行っちゃったら、ちょっと店も変わるんじゃない？

小室　影響されやすいので、変わると思います（笑）。

宇田川　仕事も充実してるし、今の歳だからこそ行ってみる価値があると思うんです。特に食に関してなら、フランスとイタリアに止めを刺す。それでヨーロッパ文明の骨格に触れられるから。

石鍋　でも、もう一度10代ぐらいの若い頃に戻って、ジプシーの群れとかに混じってやりたい放題やりながら、ヨーロッパのいろんな国を闊歩したら楽しいだろうな（笑）。見ていないところが、あまりにもいっぱいあるからさ。

宇田川 日本は管理社会だし、何かって言えば個人情報保護なんていうのを盾にしちゃって、息苦しいったらありゃしない。その点フランス人っていうのは、金持ちでもホームレスでも、自由さに関しては第一人者（笑）。

石鍋 ほんとに自由ですよ（笑）。

片岡 イタリアでも皿洗いが、シェフに対して対等ですよ。その代わり、彼らは鍋磨きに関してはプロなんですよ。毎日ピカピカに磨いている。それに文句を付けようものなら、大変なことになっちゃう。

宇田川 まあ、それを日本ではプロ意識って言うんだろうけど、そのプロ意識たるや徹底している。で、それでとりあえず一生を終ると。

片岡 そう、それで一生を終わるの。それを見ていて僕は、人間っていうのは別に職業は関係ないんじゃないかと思った。一生、石を磨いて終わる人、鍋を磨いて終わる人、トイレ掃除をして終わる人だっているけど、それぞれがその仕事のプロフェッショナルになればいいんだと。

小室 完璧に磨ききることができるかどうかっていうことですよね。

片岡 そうです。それで死ぬ時に、「ああ、俺は一生満足だった」って思えればいいわけじゃない。

宇田川　日本はマスコミが煽るから、雑音や誘惑が多すぎる。

片岡　日本はみんながみんなオーナーシェフになりたがるから、今、イタリアンなんて大変で、何軒できちゃったんだよ（笑）！　だから過当競争になっちゃう。

石鍋　皮肉だよね、経済が悪くなると家賃が安くなるから、経済のことが分からなくてもオーナーになる人が多い。そうすると安売りが始まっちゃって。

京都神話

片岡　日本料理だって、小室さんの店の周りに何軒できました？

小室　うちができるまでは、旧態依然の料亭さんと小料理屋さんぐらい。うちが始めてから、「石かわ」「山さき」「一文字」ができて、あとは和食店がパラパラと。料亭さんが少なくなっていく分、うちみたいのが出てくるっていうところですね。

宇田川　日本料理の場合は、海外に修業に行くわけにはいかないから、本山はやっぱり京都ですか。

小室　テクニカルなことで言うなら、日本の中では一番ですよね。というのは、もともと京都には食材が少ないから、鱧もそうですけど、何か工夫しなきゃいけない。

片岡　でも、この頃つくづく考えるんだけど、京都神話って崩れてきてるんじゃない？

小室　そうですね。それというのも結局、いろいろなことに隔たりがなくなってきたっていうことじゃないですかね。

石鍋　お茶屋さんもダメだし着物もダメだし。その手の店でお客さんになる人も少ないじゃない。

宇田川　そうは言っても、我々庶民にとって京都神話ってあるんですよ。京都に行けば美味しい懐石が食べられるっていうのは真実ですか。

片岡　僕も京都はすごいところだと思う。でも、どの店で食べても同じように感じるんだ。

小室　そういう状況はもうだいぶ変わってきたとは思います。でも、片岡さんの言っていることに近い思いもあって。例えば芸子さんにしても、昔は京みやびとして絵になっていたものが、町の風情が変わってきて、京都の人も芸子をしなくなってきている。京都の1人勝ちみたいな状況によって、たくさんの観光客や情報が入って来て、京都がもはや古都という言葉の範ちゅうではなくなっている。

片岡　そういう意味では、パリにはもちろん美味しい店がありますよ。でも、本当に美味しい店ってパリ以外にもあるわけじゃないですか。それと同じように、日本料理の地方分権化って言うのかな、それが始まってるんじゃないかと思うんです。僕なんかよく大阪のお店に行くんですけど、わざわざ京都に行く必要ないなと思っちゃう。

宇田川　小室さんが行くのは京都と金沢って言ってたけど。

小室　ただ、京都と金沢を比べると、金沢のほうは競争力が弱い。店の絶対数が京都と金沢とでは違っている上に、京都はまだ、「こう来てこう来て、こう来るか！」みたいな意外性が多いので、そこの競争力は全然違いますよね。京都では、10年商いを続けないと、まず認められないと思います。さらにそこから名店になっていくには継続と資本が必要でしょう。最近の日本は明らかに経済的に落ちているので、なかなか高級店が育たない。私なんかがよその店に行ってみようかっていう時には、やはり自分の目線より上に行ってみたいので、4、5万円でやっている店になっちゃうんです。

片岡　そうなると京都にはない？

小室　ええ。今は京都でも、新しいお店だと夜は1万5000円、昼は5000円ぐらいの店がほとんどで、2万円を越すっていうのは数少ない。

片岡　その程度の予算だから、どこに行っても料理は大体同じになっちゃう。

小室　ええ。おばんざいをちょっときれいに盛り分けましたとか、アッアッにしてみましたっていうところが多くて。そんな程度で止まっちゃってる。折角東京から行くんだから、もっと夢があればいいのになって思う。「こんなに美味しいものがあったの」「こんなに素敵なものがあったの」っていうようなところを見せてもらいたい。そのへんを具現化しているところがすごく少ないと思うんです。

石鍋 そうだね。ほんとにないね。

世界中で求められる日本料理

宇田川 石鍋さんと片岡さんはフランスとイタリアの修業から帰国後、82年と83年に相前後して「クイーン・アリス」と「アルポルト」を開店した。今や歴史に残る名店になったけれど、お2人は揃って、和食や中華の技法を積極的に学んでいる。先駆的なことだと思うけど、当時はどんな気持ちだったんですか。

石鍋 ここは日本だから、知らないと困るじゃない。イタリア料理だって、北の料理だけ知っていても南で商売できないし、逆に南の料理だけで北で商売できるかって言ったら、小さい店ならともかく、大きな店の場合は無理でしょう。

宇田川 和洋中の垣根を超えるなんて今じゃ当たり前。技術の交流とか、料理人の交流っていうのも盛んだし。当時は和洋中に壁のようなものはありましたか。

石鍋 壁というか、みんなよそのものには手を出さないというか、お互いに領域を侵しちゃいけないっていう不文律があったよね（笑）。

片岡　みんなそれぞれの料理界の中で頑張っていて、他の分野にまで目配りできなかったと思う。やっと最近だよね、和洋中の垣根がなくなって、みんなが交流を始めたのは。

宇田川　石鍋さんの場合は、実際に中華とかベトナム料理の店を出していたわけだから、随分早くから中華の技術を取り入れていたよね？

石鍋　ええ。僕の場合は特にそうで、フランスで働いていた時から作っていたから。73年頃に、春巻とか面白いものをアミューズで出したら、とてつもなくウケちゃってさ（笑）。今度はそれを料理フェアのような時に作ったら、それが定番みたいになって、どんどん作らされたわけ。その当時はフュイタージュ（折り込みパイ生地）で巻いても脂っこいし……。だから、パイ生地で一番軽いものは何かって考えて、パート・ブリック[*1]だとかいろいろトライしたんだけど、上手くいかない。結局、一番美味しかったのは春巻の皮だった。春巻の皮は発酵できてるし、焼いてるから。

片岡　石鍋さんは合理的なんだよね。

宇田川　一方で、70～80年代のフランスでヌーヴェル・キュイジーヌが盛んだった頃に、「三種の神器」とか言って、醤油と酒と味醂を隠し味に使っていた。今は昆布とか味噌とかも使っている。

小室　硬水で昆布を使うとか、そもそも意味が分からない（笑）。昆布っていうのは、硬水だったり、塩素とかが入っていたりすると、味の伸びが悪い。そもそも水が上手く合わないところで昆布ダシは難しいと思うし、昆布なんかちょこっと入れるくらいじゃ意味ないです。うちなんかダシの中に昆布をどれだけ使っているか……。

片岡　すごい量でしょ？

小室　ええ。もう昆布の漁に行ったんじゃないかっていうぐらいで（笑）。

宇田川　まあ、海外では、ファッションとして使ってるようなもんなんだろうけどさ。だけど日本料理っていうのはここ10年、存在感あるでしょう。インパクトみたいなのが。

石鍋　やっぱりすごいですよ。世界各国でブームになって。最近はヘルシー嗜好が世界的に広がってるから。

片岡　ヨーロッパの人たちは、毎日牛肉を食べて、パスタをたくさん食べて、デザートにめちゃくちゃ甘いものを食べてるの。それでお酒を飲んでいればどんどん太る（笑）。

石鍋　欧米人は遅くまで食べているわけですよ。食べて飲んで歌って……。

宇田川　料理人って因果な仕事だよね。一般の人たちがみんな仕事が終わって楽しんでいる時に仕事して。

片岡　それで0時くらいに仕事が終わって、ホッとして腹が減る。その時の食事が一番美味しいわけですから。

小室　美味しいですね。

片岡　じゃあ、それを食べなかったらどうなる？　ストレスが溜まって、病気になっちゃう。若いうちはむやみやたらと食べているわけです。それで50〜60歳になった時に、ハタと……。

石鍋　腹がボコッと出てる（笑）。

宇田川　昔、フランスの料理人は若くして死ぬっていう説があって、そのせいでロブションは51歳で引退したわけです。アラン・シャペルもジャン・トロワグロも年齢的には若死にした。その最大の理由は、若い時分から環境の悪い調理場で働いてきたこと。食生活も健康的じゃないし。

片岡　そうそう。ロブションが引退したのは、アラン・シャペルが死んだからですよ。

宇田川　その点、ボキューズは怪物みたいな男だからまだ生きてるけど（笑）。そういう悩みっていうのは和食にもあるんでしょ？　湯木貞一は長生きしたけど。

小室　私の周りでは早く逝っている人はいないですね。

宇田川　和食はヘルシー料理なんだと証明しちゃったね（笑）。

小室　ほんとに。例えば、「辻留」のご主人が、今80歳くらいでご健在。湯木さんだって90いくつまで生きた。長生きな方が多いような気がします。

片岡　日本料理の人って食べてるものが違うんだよね。

石鍋　80〜90年代ぐらいに、日本で働きたいっていうフランス人は山ほどいたんですよ。うちだって年間何十人って人が送られたきたけど、ここに来てどうするんだって思ったわけ。それで彼らに部屋を与えて、何をしたって言ったら、何もやらない（笑）。

宇田川　和食に入ってくるフランス人もいるわけでしょ？

小室　何軒かあるんじゃないですか。「龍吟」とかは来ているんじゃないですか。

宇田川　小室さんは、例えば日本料理とフランス料理の交流に関して、どっちかって言うと賛成派？　それともそんな必要はないっていう反対派ですか。

小室　もちろん料理をするっていう意味では、いろんな組み合わせを考えたりすることに異論はありません。でも、私は食材のほうにかなり極端に気がいっているもので。鱧だとか、うちにしか集まらない食材がちょっとありまして、そういうものに面白みを感じてる。

宇田川　小室さんはトリュフとかフォアグラを使ったことはあるの？

小室　使わないですね。私は冬場であれば、あん肝の最上等のもののほうが気分がいいので使わない。

宇田川　あん肝の代わりにフォアグラを使うことは絶対ないわけですね？

小室　なにしろ、首っ玉捕まえられて餌を食べさせられてるイメージですからね（笑）。

石鍋　季節によっては、いちじくの新物と火を通したフォアグラに、ゴマだれとかをあえて出したら、お客さんはすごく喜ぶ。それにトリュフでもチャチャッと削ってあげたら、もっと喜ぶ。

片岡　絶対美味しい。

小室　ですけど、和食でなぜ使わないかって言うと、例えば6月であれば、国産のあん肝の流通が厚くなってくるので、すごく上等のあん肝が安く手に入るんです。フカヒレなんかもそうなんですけど、うちが求められているものはどうもそこじゃないなと。食べに来るお客さんは、フランス風とかイタリア風とかはやっぱりダメでしょうね。

片岡　そうなんだよ。小室さんのところに来るお客は、和食のホッとした気分を味わいたいんですよ。

小室　その時々の日本の美味しい食材をどこまで集められるか、あとは細かい変化のところへ気がいっちゃうんです。だけど、さっきの石鍋さんの話は面白いなと思って。生まれ変わったらそっちへ行こうかな（笑）。

石鍋　地球規模で言うと、例えば日本のどこで働けば世界基準の評価を得られるかが分かれば、そこで働いた経歴が他の国に行った時に有利になる。それから店でも開けば商売もうまくいきやすいし、星が付きやすくなる。それが証拠に、フェランのところで働いた料理人で三ツ星を持ってるのが世界で7人いるんだって。

片岡　北欧とかそうだよ。

石鍋　そういうキャリアを武器に使ったっていうのが、頭のいい証拠だと思う。東京の三ツ星クラスの日本料理屋でちょっと働いて名誉と箔を付けて、金持ちに出資させて店を開く。それをプロデュースしてコントロールできれば面白いよね。

宇田川　私たちアンシャン・レジーム（守旧派）にとっては、フランス人が日本に来て日本料理屋で修業してるっていうのは不思議だね（笑）。世界的に突出していこうとする料理人にとって、略歴の1つに日本料理屋が入るっていうのは大きいんだ。

片岡　相当大きい。

マスコミの力

宇田川　もう6年前になるけど、ミシュランガイドが日本に上陸[*2]した。黒船来襲って騒がれたけど、今はどこに行っちゃったの？って感じ。片岡さんのところは星はないの？

片岡　あるわけないじゃない！　最初っから外されてるよ。だって出ないほうがいいもん。

宇田川　どうして？

片岡　常連さんや普通のお客さんが入れないもの。それに今は、お金を稼ぐとか、たくさんお客が来るとか、そういうことには興味がなくて、もうちょっとゆっくりやりたいから。顧客を大切にするようじゃないと、いいものは出せない。昔、似たような経験をしてるからよく分かるんです。たくさんお客が来ちゃって、オーバーブッキングするわ、サービス悪いわ、出てくるの遅いわって、クレームだらけだったもの。なんだかんだでストレスが溜まっちゃった（笑）。

宇田川　一方、小室さんは二ッ星。

小室　「出ても構わないけど、『基本的に日本語の話せない人はお断り』っていう一文を載せてくれ」って言ったら、「それはちょっとできない」と。「できないなら載らなくていい」と言ったんですけど、「それはお客と直接お話ししてもらえれば済むと思うので、ご了承ください」と。載ってびっくりしたのは、最初の頃は、毎度毎度質問攻め。でも日本人ってすごく熱しやすくて冷めやすくて、ワァッて盛り上がってスゥッて感じで引いていく。そのうち誰もガイドの話をしなくなって（笑）。

宇田川　石鍋さんもそうだと思うけど、ミシュランの権威とか客観性とか神話とかを知っているから、日本で成功するかどうか疑念はあったよね。ミシュランの歴史的価値を知っている者にとっては残念。

小室 東京版では「吉兆」が出ていない、「京味」が出ていないなんていうと、そういう企画自体、何だかな、と。

宇田川 石鍋さんはどう思います？

石鍋 面白いなとは思ったけど、僕はその前にお店をやめちゃったから（笑）。

宇田川 京都の料理人はどう思っていたんだろう？

石鍋 ミシュランは欲しかったみたいですよ。

片岡 最初、一部の人たちは「ミシュランはオミットする」って言ってたんですよ。それがミシュランに何と言われたか分からないけど、最終的には掲載が決まったんでしょ。

宇田川 時代が変わっちゃって、料理人の意識も変わったから、ミシュランなんかに出るんだろうけど、和食は自分から出て行くことないと思う。下手に海外へ出て行かなくても、鷹揚に構えていれば世界のほうから寄ってくるんだから。

石鍋 でも、いろいろ批判にさらされながらも、しっかりとミシュランという名前を植え付けたというのは、やっぱりすごいと思う。

宇田川 失敗してもちゃんと元は取ったということですね。確かにミシュランの認知度は上がった。

石鍋　それが彼らの戦略だったら脱帽するね（笑）。

宇田川　ところで石鍋さんも片岡さんも、若い頃はマスコミとの付き合いがたくさんあったわけでしょう。マスコミとの付き合い方って、料理人にとって難しいでしょう？

石鍋　僕が帰って来た当初は、よく「家庭画報」とかに取り上げられた。

片岡　当時の三種の神器は、「家庭画報」とＮＨＫとカメラマンの佐伯義勝さん。この3者からお声がかかればラッキー（笑）。

石鍋　「家庭画報」の撮影日が否応なしに決まってさ。ああいうのって、何を作るか考えなきゃいけないから、結構大変。

片岡　勉強になるよね。同時に刺激にもなる。

石鍋　だから逆に面白いなと思って、それからは随分応用が利くようになった（笑）。

宇田川　マスコミの影響ってプラスもマイナスもあるでしょう？

片岡　マスコミが影響するのは一時期だけですよ。今だって僕は出ていますけど、「あ、また出てる」で終わり（笑）。でも僕の場合は、別にお客を求めてマスコミに出るわけじゃない。僕、ここまで何も苦労してないのよ。ほんとに苦労してないの。だから、自分の料理は全部公開する。そういった形で世の中に恩返ししなきゃいけないと思ってるんです。これまでいろんな人に助けてもらったわけだから。

宇田川　そういう気持ちがあるんですか。

片岡　そうです。だから、対決番組かなんかに引っ張り出されたとしても、勝とうが負けようが恥かこうが、もういいっていう感じなの（笑）。

宇田川　ある境地に達しちゃったと。今でもオファーされたら断らない？

片岡　大体出ますよ。

宇田川　石鍋さんは、日本人がフレンチに関してまだヨチヨチ歩きの時代に「料理の鉄人」に出て、鉄人の勲章をもらったんだから（笑）。片岡さんにはオファーはなかったんですか。

片岡　オファーは来たんだけど出なかったの。僕はその頃、別のテレビ局で料理番組をやっていたんだけど、その番組のディレクターが「あれには絶対出ないでください」って。うちで働いていた子は挑戦していますけどね。

宇田川　番組としてはなかなかよくできていたよね。小室さんは見てました？

小室　面白がって見てました。あの番組が始まってちょっとしてすぐ「和幸」を離れたんですけど、たまに親方のところに顔を出すと、「みっちゃん、お父さん『料理の鉄人』に出ようとしてるから止めて！　あんなのに出ると家元から怒られるから、絶対に止めなきゃダメよ」とか。

一同　（笑）

経営は情熱と受難

宇田川　日本料理屋でも支店を持っている人がいるわけだけど、小室さんは将来的にそういうやり方は考えてる？

小室　私はもう、1軒だけで。

宇田川　1軒だけで終わっていきたいと。その理由は？

小室　私はやっぱり、早くから独立したかったんですね。「小室」を始めた時は33歳でしたけど、その頃のことを思い返すと、若い子たちは外へ出て行くだけの能力ができたならば、どんどんおやりなさいと。まだちょっと気遅れするようだったら、自分をどこかに売り込んで、少し見たいものを見てもいいし。それでもなるべく早く店を始めたらいいいと思いますね。それでコケたらコケたでいいじゃない。若いから、ツルハシでも担いで穴でも掘っていれば、またすぐできるようになるからとか、そんな調子です。

石鍋&片岡　（笑）

宇田川　石鍋さんは最大約30軒やっていたわけだけど。

小室　それはすごいですよね。

宇田川　料理人の中には事業展開をしている人もいれば、小室さんのように1軒をコアにして終わりたいと思う人もいる。石鍋さんが支店展開を始めたのは40代でしょ？　特別な情熱があったの？

石鍋　別に情熱ではないんだけど、やってくれっていう要望がいっぱいあったから。

片岡　周りだよ！　周りが金を出すって言うんだから。その額が半端じゃない（笑）。

石鍋　礼金・敷金や内装代を持ってくれて、家賃をこっちが払えるぐらいにしてくれて、やってくださいって言われたら、じゃあやろうかってなるじゃない（笑）。

宇田川　小室さんはそういうオファーがあったらどうする？

小室　たぶん私はやらないですね。

石鍋　そのほうが賢明ですよ（笑）。やると大変だから。

小室　絶対大変ですよね。

片岡　それを普通だと感じる人と、感じない人がいるからね。それから、ある程度人を抱えていないとできない。小室さんのところみたいに3人か4人でやっている時に、支店に1人送っちゃったら大変なことになるわけじゃないですか。石鍋さんのところとかうちみたいにコックが10人ぐらいいるんだったら、1人抜けたってどうってことないわけですよ。どんどん新しく入って来ますから。石鍋さんの店なら、無給だっていいって言う若い連中がいたでしょう?

石鍋　そんなことはないですよ(笑)。

宇田川　野球でもよく言われるけど、名選手=名監督にあらず。料理でも一流シェフ=一流オーナーとは限らない?

石鍋　そうですね、基本的に求められる資質は同じだと思いますけど。個人的には事業展開していて嬉しかった時もあるし、もうヤダなって思っていた時もある。ヤダなって思うことをずっとやる必要はないので、そういうことに早く気付くことも大事ですね。

片岡　経営が成り立たなかったら店なんか続けていけないもの。

宇田川　1軒だったら何とか続けていられるけど、3軒、4軒って事業展開していけば、料理人より経営者の資質を求められると思うわけ。そうなるとやっぱり違う能力を求められるんじゃないかな?

石鍋　経営の理想の形っていうのはあると思う。でも利益が25%っていうのが理想だとしたら、それはなかなか難しい。現実的には15~20%っていう形になると思う。本来だったら自分に戒めて、その利益を確実に上げていかなきゃいけない。だけどこの業界で働いていると、大して汚れてもいないのに内装を変えてみたり、新しい機材が出たと聞いたらそれもどんどん買ってしまう。新しい鍋や食器も欲しい。僕の場合は、そんなことが溜まりに溜まって利益を蝕む原因になった。そこのところでちょっと歯車が狂っちゃったね（笑）。

片岡　主観が入るとね。

石鍋　ええ。自我が入ったり、慢心が入ったり。できない子をたくさん使っていると叱るのも億劫になって、だんだん疲れてくる。

宇田川　片岡さんは顧問契約っていう形で事業展開しているんでしょ？　直営をやらないというのは、片岡さんのポリシーなんですか。

片岡　そもそも、僕が店を何軒もやるなんて無理なんですよ。ディナーレストランを何軒もやっていて、全部を同じ味にするなんて神業としか思えない（笑）。スパゲティ屋だとか、カフェだとかであれば、マニュアル通りにやればできるわけです。自分のところのソースを作って、そこに送ればいいわけだから。

宇田川　特にフランス料理はコストがかかるわけじゃない。

石鍋　全部高いですよ。食器も高ければ内装費も高いし、厨房器具も高いから大変（笑）。

片岡　それはみんな同じだよ（笑）。

宇田川　例えばフレンチだと、原価が高くて絶対に儲からないって分かっていながら、1店舗で頑張っているシェフがいるわけです。あれじゃあ絶対に支店なんか出せない。そのつもりもないだろうけど。

片岡　それはね、やっぱりその人の生き方だよ。

石鍋　生き方だよね。例えば20人しか入らない小さい店で、値段が1万円だったら、満席でも利益は知れている。その中から家賃や材料費を引いていったらどうなるんだと。

片岡　雇われてたほうがいい。ただ、自分でやるっていうのは要するに自由なんですよ。

石鍋　自由だよね。

片岡　誰からも束縛されない。そこが素晴らしいんですよ。それで、僕たちぐらいの年齢になれば分かるけど、お金じゃないんですよ、結局は。

宇田川　じゃあパッションですか（笑）？

片岡　パッションですよ、やっぱり。

宇田川　パッションって意味が2つあるんですよ。情熱と、もう1つは受難。

片岡　自分がやっていて生きがいを感じるのであれば、それはそれでその人の人生だと思うんですよ。それで死ぬことができれば幸せだと思う。

石鍋　そうですね。でも利益を度外視してやるっていうのは、誰かのためにやるんだったらいいけど、自分のためにやるんだったらやめたほうがいいと思う。

宇田川　なるほど。小室さんは？

小室　やっぱり1店舗でやっているとすごく自由なんです。修業先で何年か不自由な時間があったとしても、いろいろなことを教えてくれるわけですから、しょうがないと思って我慢できる。だけど神楽坂で店を始める前に、短期間ですが、浅草で雇われ料理長をやったんです。その時の不自由さといったらもう……（笑）。

片岡　それはパートナーによるわけですよ。僕は「マリーエ」の時、オーナーにすごく恵まれてたんですよ。自由にさせてくれたし、自分の思い通りにしなさいって言われて。

宇田川　まあ私の場合は、性格と態度から、組織から金を積まれてスカウトされることはまずないと思うけど（笑）。パリの自由さを知っちゃっているから断るな。

片岡　でも、僕がなんで独立しようかって思ったかと言うと、あるきっかけがあったんですよ。実はその頃に引き抜きの話があったのよ。給料は今の倍あげますとか、それに保証金は……。

石鍋　倍で引き抜かれちゃダメよ。今、（韓国企業の）サムスンだとかそういうのは20倍……。

片岡　20倍⁉　だからその当時はね、そんなもんなんですよ。

石鍋&小室　（笑）

片岡　そういうことを言われて、僕はハタと気が付いた。あっ、もし自分で店をやったら、全然違うんじゃないかと。

石鍋　同じ努力をするにしても、どこでスピードをかけるかっていうことだよね。引き抜かれて、まったく未知のところに行くその負担や責任なんかを考えたら、自分でやったほうが断然いいもの。でも、それだけの条件を出してくれたんだから、1年ぐらい単身で行って辞めちゃおうとか考えなかった（笑）？

片岡　いや考えない、もう（笑）。

宇田川　石鍋さんもフランス修業の最後の頃に、ニューヨークに行くとか行かないとかありましたね。

石鍋　それこそニューヨークに行く予定で。パリの「ミシェル・ゲラール」で働いていた時の話でね。「お前、このあと日本に帰らないでアメリカに行け」って命令された。「ザ・ピエール」っていうホテルがあるから、そこへ行ってスタッフを全部押えてくれと。でも日本人という立場じゃまずいので、アメリカの料理学校とフランスの料理学校が提携するから、そこの職員という形で行けと言われたわけ。給料も信じられないぐらいの金額で、9000ドルくれるって言うんですよ。

宇田川　当時はまだ1ドル360円の時代だもんね。

石鍋　でもその話には続きがあって、自分の身が安全なところにアパートを借りると6000ドルくらいになる。そうすると残りが3000ドル。それなら全然意味ないじゃない（笑）。それに僕は英語も喋れないし、向こうのスタッフも使えるはずないだろうと（笑）。それで結局、日本に帰る決断をしたわけです。その後、観光で行ったらすごくいいホテルで、ガックリしたけど後の祭り（笑）。

日本からインターナショナルな料理人は育つか

石鍋　大規模経営と小規模経営の問題ってほんとに悩ましいよね。もちろん、星のない家族経営の小さな店でも、本人たちはそれでハッピーかも分からない。だけど経済的には必ずしもハッピーではないと思う。ところが一方では、世界規模で経営しながら経済的にもハッピーで、働きたいっていう若者がたくさん集まってくる店もある。日本のフレンチレストランでどこの店がいいかって言った時に、「ジョエル・ロブション」しか出てこなかったっていう話があるの。食べて美味しいかまずいかというよりも、それだけ客を呼べるっていうことが必要なわけ。同じように、アメリカの日本料理屋でどこがいいかとなった時に、すぐに日本人の料理屋が出てくるようになれば、やっぱり勝ちなんですよ。ただ、そういう風に大きくなっていくのがいいのかどうかっていうことは、今、問いただされていると思うんです。いずれにせよ、家族経営のままだと、決してそれ以上には大きくなれない。

片岡　小室さんはどちらかと言うと、1店舗を守りたい。それはそれで問題はないと思う。ただ僕は、石鍋さんが言ってるように、規模を大きくして経済的に豊かになるっていうこともすごく大事だと思う。問題は、自分にそれをプロジェクトできる才能があるかどうかですよ。

石鍋　要するに、この人は広報担当として外にアピールする、この人は金庫番としてやる、この人は食材にかけてはピカイチ、料理を作る人はしっかり作る、サービスマンはお客さまを喜ばすという風に、各分野でいい人材を集めて、組織と分業態勢をきっちり作ると。

宇田川　フランス人ではアラン・デュカス[*3]がそれをやっていると思う。なにしろパリとモナコの三ツ星をはじめ、世界で20店舗以上を経営しているんだから、組織作りが上手いんだろうね。でも日本の場合、それをできる料理人は限られているし、国内展開だけで手一杯でしょう。石鍋さんみたいな人はなかなかいない。

石鍋　でも、そうやってみんな大きくなってきているわけだから。そういう土台を作らなきゃいけない。

宇田川　石鍋さんだってそれを作ろうとしながらいろいろ苦労されて、最後は撤退したわけでしょう。

石鍋　まあ、私なりにメッセージしていこうと思っていたんだけど、私が言ってもしょうがないなと（笑）。

片岡　だけど日本でも、若い子たちが星を取ったりして頑張っているわけよ。プロデュース力がある料理人も出てきている。

石鍋　でも料理が旨くなきゃいけないんだよ。

片岡　そう、旨くなきゃね（笑）。それが一番大事なことだから。

宇田川　料理人にプロデューサーは務まらないでしょう。朝から調理場にこもって料理を作っている人間にプロデュース力を求めるのは酷というもの。独断と偏見で言ってしまえば、日本は料理偏重主義です。料理が美味しければインテリアもサービスもどうだっていいと思っている。

片岡　将来、そういう風にできる料理人が出てくる可能性はあるけどね。

石鍋　「龍吟」にしても、六本木であんな小さいところでやるなんてもったいない。

片岡　「龍吟」は香港に出たけどね。

石鍋　香港で食べたけどダメだった。結局、香港の金持ちが出資しているんだけど、お金を出しているほうも、働いているほうも、すごく不満が溜まっているらしい。出資者は金を稼げていないからで、働いているほうは仕事が大変なうえ、材料が満足に集まらない。だからＷｉｎ－Ｗｉｎ（双方に利益がある状態）になってない。

片岡　もし日本料理店として外国に出るのであれば、海外で仕事をするということの意味を徹底的に考えて、プロデュースしなきゃいけない。

宇田川　音楽やファッション業界にはいるかもしれないけれど、料理界にそういうことが分かるプロデューサーがいると思う？　将来は分からないけど、今は悲観的ですね。

石鍋　そう考えると確かに難しい。旨い料理を出したとしてもお客が来なければしょうがないし、経営をきちんと数式に表せる人じゃないとダメだしね。

宇田川　最近、フランスで修業した日本人で、そのまま現地に残って星を取る人が増えてるんですよ。

片岡　それは石鍋さんたちの代からずっと続いてきたベースがあってのことだと思う。日本人のコックがフランスの三ツ星に入って、どれだけ貢献してきたか。そういう長い歴史があって、フランス人も認めざるを得なくなってきた。

宇田川　それは絶対あります。

石鍋　でも、インターナショナルの方程式をしっかりと頭に叩きこんでおくことも重要です。経済的にも、日本はこれから世界に出ていかないと金を稼げないわけだから、料理人にもそういう視点が必要でしょう。最後まで日本で稼げると思っていてはいけないわけだから。

片岡　いつ日本が潰れるか分からないから。

石鍋　確実に潰れるっていう可能性がすでに示唆されているから、気を付けていかなきゃいけない。その上で今後の設計を考えた時に、例えば日本料理なら、そのトップクラスの店にお願いして何が何でも働かせてもらう。その中で自分の見たいものを探し当てて、短い間でもいいから一生懸命学ぶ。それと、絶対に食べなきゃダメ。とにかくお金を払ってでも食べることは大事。

片岡　でも、日本って変わることがほんとに難しい国だと思う。グローバル化できてる日本人なんて稀有だよ。ほんとに少ない。

宇田川　昔から、いつの時代も英雄待望論っていうのがあるような気がする。昔はそれほど話題にもならなかった坂本龍馬をあんなに持ち上げて……。

石鍋　ほんとにね、大きく日本が変われたらいいなと思うんだけどね。日本人のメンタリティを考えると、料理でも企業でも政治でも何でもそうだけど、誰かが強引に、「こうやるぞ！」って引っ張っていかない限り良くならないんじゃないかと思う。その人間がいい奴か悪い奴かは関係なく。

小室　生まれも育ちも外国で、海外の環境に適応しているならあり得るかもしれない。しかし、日本の中で育った人にはなかなかできないと思います。

石鍋　そうですね。

小室　例えば極貧に生まれ育って、もう差別されたくない、区別されたくない、俺は俺だっていう心を持ち続けるような感覚って、今の日本人に求めてもしょうがないですよ。

片岡　日本人は幸せだと思いますよ。それほど人種差別もないし。格差もあるにはあるけど、アメリカとかヨーロッパみたいにはひどくない。

小室　だけど永遠にハッピーでいるためには、ものすごく努力していかなきゃいけないわけじゃないですか。だけど今、ちょっと努力をすべきところとか、足の掛かるところや手の掛かるところとかがなかなか見えにくい。今うちに来ている子たちは、20〜25歳なんです。この子たちの親から上の世代が、そういう努力すべき場所を消し去ってしまって、フワーッとしているところで彼らは大きくなってしまった。「頑張らなくても大丈夫、ちゃんとみんながゴールに行けるから」っていうのが問題なんです。

石鍋　今から100年ぐらいのスパンで計画したいよね。特殊塾みたいなものを作って、5歳ぐらいから政治経済、文化、料理の分野まで教え込むとか。

宇田川　日本ってバブルの時に、文化に対してもっと予算をかけていれば、今頃、文化レベルはもっとすごくなってるはずだよね。ノーベル賞だってもっと取ってる。フランスは不景気になると文化予算を上げるんですよ。文化は国家戦略なの。残念ながら日本人は、文化が金を生むことを分かっていない。

片岡　そうだよね。残念だけど、日本人は文化に対して後進国なんですよ。

石鍋　日本人は将来、もっと大きくならなきゃいけないと思うの。勉強でも何でもそうだけど、日本人ってどうしても奥へ奥へと入り込みたくなるのね。狭いエリアに深く入っていくのは上手なんだけど、それだけじゃなくて、同時にいろいろな入口・出口を見ながら、インターナショナルな気持ちになっていくことが大事だよね。今、日本人が何をやってもうまくいかないっていうのは、そういうスタンスで仕事をできる人がいなかったから。中国人にしても韓国人にしても、他のアジア人でも、徹底して日本人の成功例と失敗例を見てる。

宇田川　フランスの料理界を見ていても、調理場で汗まみれになって働いている外国人は日本人しかいないんだけどね。

石鍋　自分のサイズだけで見ているとｌ周りが見えないから、1カ所にどんどん深く入っていっちゃう。深く入れば入るほど面白いから。でも、ちょっと引いて大きく見ちゃったら、そんなことアホらしくてやってられない。ただ、そういうことを分かって仕事をしながら、人にあれやれこれやれっていうことはできる。アラン・デュカスのことを羨ましいと思ったのは、そういうところ。「俺は事故で1回死んだ人間だから。そう思ってスタッフに自由にやらせてる」って。頭のいい連中に自由にやらせて、それを全部コントロールしている。

片岡　「エル・ブジ」のフェランなんて、人の使い方が上手い。世界で修業したスタッフを集めて、今まで習得した料理を吐き出させる、そういう人の使い方が天下一品だね(笑)。そういう統率力、プロデュースの能力があれば、ああいう発想の料理はできると思いますよ。どだい、32品を1人で発想するのは無理だもん。能力がある人間を組織化して、それをコントロールするのがフェラン。

石鍋　例の有名なラボラトリーを見せてもらったんだけど、すごいよね、フェランって男は。タダで情報を教えてくれる人が、世界中に常時5万人ぐらいいる。

宇田川　和食では、革命児っていうのが出てくることはあり得ないの？

小室　和食というカテゴリーの中で大きく変えてしまうと、それはフュージョンというか、ものすごく枠を越えたところにあるような気がするんですけど。

石鍋　「吉兆」さんなんかは早くからそれを打ち破ってる。日本料理には油を使っちゃいけない、肉を使っちゃいけないとかいうのを、早くから打ち破っていろいろやったから、業界内ではともかく、外部ではすごく拍手をしていたんです。家庭でもステーキを食べるような時代に、「これは家庭ではできないだろう」っていうような料理を打ち出すことが必要なんだと思う。それが店にとっての1つの宝石みたいになって、お客を大勢呼べるようになるわけじゃないですか。

小室　食べた経験のあるものが、こんなに変わるんだっていう喜びとか驚きですよね。ちょっとばかばかしい話なんですけど、イタリアンやフレンチや中華だったら、アスパラを薄く刻むのって当たり前じゃないですか。でも、和食の中ではあまり出てこないんです。たまたま家元のお茶事で、煮物の炊き合わせとしてアスパラと五三竹と海老を使うことになったんです。それで、普通に考えると長く落とすアスパラの使い方が当たり前なので、五三竹もみんな長いものにするところを、その時はアスパラを薄く刻んだものをサッと湯にくぐらせて、シャリシャリ感を残して盛り付けたんです。そうすると意外に食感とか視覚的な効果が変わって、喜んだり驚いたり（笑）。

片岡　確かに。ちょっとしたところで料理って変化しますから。

料理人の幸せ

石鍋 本来、料理人が料理人にあるべき姿でいるためには、料理人として一生懸命やってきた人たちが、かなりいいスタンスで社会に残っていなきゃいけないと思うんだけど、残っていますか。

宇田川 残念ながら。

石鍋 僕、「亡くなった人、もしくはリタイアしている人の中で、『ああいう風にリタイアしたいな』と思える人がいますか?」ってよく訊かれるんだけど、そう訊かれても特に目標はないんです。誰か1人でも目標になる人がいれば、その目標に向かって頑張るとか、その人と競っていくっていう才能は、日本人にはすごくあるような気がするけど。

小室 では、「最後のご奉仕にやってまいりました」って、石鍋さんにひとつ火をつけていただきまして……(笑)。

石鍋 (笑)だけど死ぬ間際まで働いていて、「じゃああなた、仕事の他にいったい何があった?」って訊かれた時に、「何もない」って、すごく寂しい人生だと思うよ。

片岡 違うのよ。それが幸せなの(笑)。

小室 それはちょっと、片岡さんのほうに賛成。

石鍋　だけどさ、苦労して料理の技術をずっと高めていって、やっと花が開いてさ。それが何らかの形で残っていかないのは、本当にもったいないと思うんですよ。

宇田川　先人たちの人生、石鍋さんは寂しいだろうって言うけど、片岡さんはどう？

片岡　俺はそうは思わない。だってそれだけちゃんと名前も残しているし、やってきた業績もあるわけだから。石鍋さんなんかは、みんなの一番いい目標なんだよ。

石鍋　いやいや。俺はいい加減に生きてるから、そんなこと思ってもみないよ。

片岡　そのいい加減さがいいんだよ。

宇田川　小室さんは片岡さんに賛成だと言ったじゃない。先人たちは大変な時代に生きてきて、お金や名誉を得られない生き方をした人もいたけれども、それでもいいんじゃない？　幸せだったんじゃない？って思いますか。

小室　それはだから、彼らがやってきた行為が、本当に芸術っていうことに入ってくるのかなと思うので……。

片岡　いや僕は、自分のやっている行為を芸術だと思っていないんです。

小室　思っているかいないかは別としてですよ、やっぱり「人が喜ぶ」っていうことが大切なのであって。例えば、片岡さんが作った料理が喜ばれたとしますね。でも、片岡さんじゃない人が同じ材料で作っても、そのお客さんが喜ぶかどうかは分からないわけですよ。絵画もそうで、この絵のファンはたくさんいるけど、じゃあ100％の人がそうかと言ったらそうじゃない。僕はこっちの絵のほうが好きだという人もいる。料理でも同じだと思うんです。同じ食材を使って料理をしても、人間の嗜好は千差万別ですから、石鍋さんが作ったほうが好きだとか、片岡さんのほうが好きだとか分かれるけれども、どちらにしても誰かに喜びを与えるわけです。つまり、切ったり、火を入れたり、揚げてみたり、焼いてみたり……、そういうことをしている我々の仕事は、やっぱりどこかに人の嗜好を具現化している。とするならば、レベルの差はあれど、絵画とか音楽とか建築とかと、やっぱりどこかで一致しているのかなと思ったりしますね。

宇田川　例えば和食なんかで目標の人は？

小室　和食の中で言えば、湯木貞一さんなんてのは面白そうだったなあ。

石鍋　いいキャラしてました（笑）。

小室　自分の仕事を愛して、95歳まで長生きしましたし。歌舞伎がすごく好きで、亡くなる数日前まで行ったりしていて。歌舞伎座では最前列の必ず中央に、短い白髪の「吉兆」さんがいたそうです。辻静雄さんとフランスの三ツ星をぐるっと回った話は有名ですが、日本に帰ってきてから、「いろいろ回ってきたけど、やっぱり私は日本料理が一番だと思った」と。自分の仕事への自負心だと思うんです。もちろんフランス料理を認めている部分もたくさんあって、キャラメリゼとかいろいろ試すわけですね。だけど、逆にフランスに出て行って、自分の進んできた道に間違いはないということを確認した部分もあったんでしょう。

石鍋　「吉兆」さんは芸術品を見ることも好きだったんですよ。

宇田川　その点では片岡さんはどう思いますか。フレンチと違って日本でのイタリアンの歴史はそう長くないわけだから、先達もいない。片岡さんは業界のトップランナーだから、目標になるような立場にならなきゃ。

片岡　私は仕事続けていればいいのよ（笑）。人の目標になるために何かしなくちゃいけないなんて、そんな考えでやっていたらおかしくなっちゃう。だから僕はマイペースでやっていればいいかなって。もうお墓も持ってるしさ（笑）。

成功に必要なものは人間性？

宇田川　みなさんオーナーシェフとして料理人として成功しているわけですけど、その要因は？

片岡　成功しているのは石鍋さんだけ。

石鍋　やっぱり海外を見ないとどうしようもないでしょ。片岡さんだって何だかんだ言って、若い時にイタリアでずっと働いていた。いろんな息吹を感じて、いろんなところを見てきたということで、日本とのギャップを思いっきり感じてきたはずだから、それの影響が帰国してから表れていると思う。外国に行っていろいろ経験することで、物事の善し悪しを判断できるようになると思うしね。

片岡　確かにそうだね。

石鍋　でも、現地と同じもの作っていてはダメだと思う。

片岡　それをどうやって自分の個性できちんと出していくか、ということは問題になりますね。必要なのはその人の資質ですよ。自分が行きたいと思ったら行けばいいじゃない。でも、修業するのは日本で十分足りると思う。もし行くんだったら修業じゃなくて、三ツ星を中心にできるだけ食べに行けって言いたい。

石鍋　現地で生活するっていうのも大事だと思う。

片岡　それで文化をちゃんと肌で感じてくること、それが大切なんです。フランスやイタリアって国はこういう考え方をしているんだっていうことを体験してくることが、大切だと思う。修業して、いろんな店を食べて回る。これはすごい労力がいるけどね。

石鍋　うん、労力がいる。だってディナーを食べるのは20時から22時ぐらい。だから昼間は、映画を観たり美術館や遺跡に行ったり、いろんなことができるから。

宇田川　昔、修業に行った連中とは考え方が違うよね。昔はアパートと調理場を往復するだけで、金もなかったし精神的なゆとりもなかった。今は昔と違って、選択の幅が相当広がっている。

片岡　今の若い子は親がお金を出してくれるから、余裕がある。僕たちの時代はそうじゃなかった。行ったら、そこで何とかやり遂げる。

石鍋　それしか選択肢がなかった（笑）。

宇田川　オーナーシェフは、スタッフのチームワークやコミュニケーション、生産者や客との関係も考えなきゃいけないし、様々なアンテナを広げてなきゃできないでしょう。

片岡　最終的に問われるのは人間性です。もちろん味もですよ。けれども味っていうのは作る人を表わすものだから、作る人間にお客は付いてくるんだと僕は思ってる。料理を通じてどうやって自分を表現するかは、最後は当人の個性が決めると思うわけ。そのためには、各人それぞれのやり方で自分の人間性をどうやって高めるかが大事なんです。

宇田川　小室さんはどう思いますか。行きつくところは人間性？

小室　どっちかって言うと、そのことに関しては片岡さんに近いですね。だけど石鍋さんの話を聞いていると、政治家というかですね、そういう方面の感覚が突出しているなと思って……。

片岡　それは石鍋さんという個性だから成功しているんだと思う。僕だったらできないですよ。悪いけど、僕は石鍋さんの料理、真似してきましたからね。

一同　(笑)

片岡　やっぱり参考になりましたもん。僕たちは同じ世代で、当時、お互いに小皿料理のコースをやってきているわけですから、影響し合っていると思いますよ。まあ、僕は石鍋さんに対して影響を与えてないけど(笑)。

宇田川　人間性に関してどうですか。一言、二言?

小室　石鍋さんは料理以外にプロデュースもしていて、この店にはこいつが合うだとか、あのマネージャーならあのシェフと合うだろうっていうことを、精査して決める能力がおありだから。

石鍋　ないない。結局、そういう風に思ってやるんだけど、その人間が思った通りに動いてくれない(笑)。

小室　でも、最盛期に20数店舗やっていたり。体力、能力すごいですよ。

石鍋　労力を増やしただけでした(笑)。

片岡　そりゃあ20店舗やれば、20店舗がすべて上手く動いているように世間では見るわけです。でも、その中で5店舗がダメだったら、もう終わりなんですよ。20店舗やったらそのうち9割は成功させないと、絶対に利益は出ない。ということは1店舗でやっていたほうがリスクは少ない。もちろん稼ぎは少ないけど、いかに自分が幸せで、他の人たちも幸せなのかっていうところにモチベーションがあればいいのよ。

小室　その人の考え方によって目標は変わると。

片岡　僕は石鍋さんにはなれない。だけども僕は僕なりにやっているわけ。まあ、諦めの境地でしょうね（笑）。

石鍋　結局、日本って税法上において、そういう風にどんどん店舗を増やさないといけないようになっているんですよ。そうすると、逃れようとしても逃れられない。仮に1店舗を家族で経営しているとして、もし父親がケガでもしたら、その家族はすごく不安になってしまう。そうなったら、もうやりたくないよね。

片岡　だから僕は、健康に関してすごくお金を使ってきました。

一同　（笑）

片岡　今の店は僕が死んじゃったら終わりなの。一番大切なのは健康なんですよ。自分が健康じゃないと、味見することもできないし、スタッフの面倒も見られない。やっぱり食べるっていうことができなければ、健康じゃないわけですよ。

小室　健康じゃないと美味しいものを作れない。

不安から生まれる強さ

宇田川　将来、料理人をめざす若者たちに何か一言？

片岡　第一に「健康に気をつけろ」。それから「継続は力なり」。自分を育てるための環境ってあるわけじゃないですか。自分の性格っていうのもあるし。もしイタリアンをやりたいんだったら、なんで自分はイタリアンのシェフになりたいのかっていうことが分からないといけない。例えば、「自分はスパゲティが好きだから、スパゲティを極めたい」っていう単純な理由でもいい。もちろん「自分の店を持ちたい」っていうのでもいいんですよ。フレンチの場合なら、「石鍋さんみたいになりたい」っていうことだっていいんです。でも、必ず目的を持って入ってこないと、この職業では続かない。

宇田川　目的を持たなきゃいけない。

片岡　うん。目的なく入ってくると、途中ですぐに折れちゃうんですよ。ちょっと叱られただけで辞めちゃう。だけど目的があると、多少労働時間が長くても関係ないの。早く目的を達成させたいと思っているから、我慢も辛抱もできる。たくさん働かないと技術も腕も磨けないから、怒鳴られたって何も文句言わないですよ。反対に目的のない子は、労働時間が長いと、「何でこんなに俺を働かせるんだ」って言って、親が訴えたりなんかするんですよ。

宇田川 小室さんのところは20歳前後の子が何人かいるわけでしょ？ 彼らの目的意識はどう？

小室 基本的に意識のない子は入れないようにしてるので……。面接をやって、最初に1週間ぐらい働かせるんです。

宇田川 その上で引導を渡したりするとか？

小室 1週間来ているような子だと、間違いなくうちに入りたくて来ているんです。ただし1週間の間に、うちの店がその子の目的に合っているかどうかをちゃんと問いただします。

宇田川 草食系男子と言われる若い子が増えて、昔の板前とイメージが違ったりするんでしょうけれど。

小室 そう見えるだけであって、たぶん心意気はあると思うんです。彼らには導火線があるのかどうか分からなくて、どこに火をつけていいかも分からない状態なんですね。こちらがいかにそれに火をつけてあげられるかっていう問題で……。

片岡　人によって全然違うんですよ。こっちの子はすごくやる気があるんだけど、こっちの子はなんかボーッとしてる。でもよく話してみると、ボーッとしてる子もちゃんとやる気はあるんだよ。僕はそれが分かるんだけど、例えば現場のマネージャーとかは、それが分からなくて両方ともにガンガンやっちゃうの。この子はガンガンやられたらダメで、この子はガンガンやってもいいっていう見極めがつかない。

石鍋　僕なんか昔は、「お前はほんとにやる気があるのか？」って、いつも言われるぐらいでさ。ボーッとしてる奴だったから（笑）。

片岡　そうだったの（笑）？

石鍋　うん。自分の好きなことだったら仕事は早い。でも、別にそれは必要ないだろうと思っているとボーっとして、「洗いものぐらいしろ！」って怒鳴られたり（笑）。「俺、こいつの3倍ぐらい仕事してるんだけどな」と思うんだけど。

小室　石鍋さんにはもう見えてるわけですよ、何が必要で何が必要でないか。

片岡　僕はそれが見えないから、やらなきゃって思うの。

石鍋　そんなに見えてないけど。とりあえず目標を持ってやらなきゃいけないわけだし、自分の人生の時間をどういう風に組み立てていって、いくつまでに何をするっていうことを作っていかないと。

片岡　目的があるから、いつまでに、どういう風にやっていくかっていうプログラムが立てられる。

石鍋　やっぱり、3年ぐらいは絶対外国に行かないといけないと思いますよ。ほんとにお尻がむずがゆくてどうしようって思うぐらい不安な状況に自分を追い込むとかさ。反吐が出るぐらいに。

片岡　1人にならなきゃいけないっていうことです。自分の家族の中にいたら、それが分からない。結局、他人のメシを食うっていうことですよ。

石鍋　そうそう。でも、他人のメシを食うだけだったらいいんだけど、他にも自分で仕事を探さなきゃいけなかったり、いろいろ辛いわけじゃない。どうしようと不安になる。でもその時に、どうやって相手を受け入れられるのかと考えたり、逆に相手だったらどうやって考えるんだろうって考えたり。それでこっちのほうから、「やる気がありまず」という気概を見せる。だけどやる気がありますって言ったって、相手にしてみたら、「お前なんか誰が使うか」っていうもんでしょ。だから、それでも使ってもらうにはどうしたらいいかっていうことを、やっぱり考え抜く。

片岡　そういう不安感とか危機感が、今の日本にはないんですよ。

宇田川　小室さんなんかは、最初から野心も目的意識もムンムンで（笑）。

小室　ハイ、ムンムンでやってました。おかげさまで一応、思っていることは達成しつつあります（笑）。けれど20代の後半はすごく焦ってました。自分が思っていることがほんとに形になるのかなって。

片岡　20代の後半は技術的にもまだ未熟な部分があるから、それをどうやって克服していくか分からない部分もあったし。

小室　20代の後半は焦りますよね。その後、店を始めたら渇きは少し癒えて、まあまあ上手く転がってきたんですけど、今は次のステップに進みたい。

宇田川　片岡さんはそういう焦りみたいな、不安な状態を脱したのはいつ頃？

片岡　脱した？　今でも脱してないもん（笑）。不安の毎日ですよ。

宇田川　とりあえず大人としてある程度の目算が立って、将来が見えてきたのは何歳ぐらいなんですか。

片岡　やっぱり40歳過ぎてからでしょうね。こう見えてもいろいろあったから。スタッフには辞められるしさ、人には嘘つかれるし、裏切られるし……。でも、僕はそんなに気にしていないんだけど。そういうことを乗り越えてきて今があるわけだから。人生って紆余曲折があって、良い時と悪い時がある。例えばバブルがはじけて、売り上げとかが下向きになるじゃない。「えっ、こんなに客減っちゃったよ。どうすんのよ？」となった時に、自分の原点に戻れるかどうかなんです。「よし、もう1回イチからやり直せるんだぞ」っていう気持ちを持てるかどうかなのよ。そういう意味では、若い頃に苦労していないとそこで潰れちゃうんです。

宇田川 試練にあった時に、自分の原点に戻る。つまり、私たちがさんざん話している働く目的のことですね。石鍋さんもやっぱり、先の見えない不安のまっただ中にいた時期があったんですか。

石鍋 うん、しょっちゅう（笑）。僕の場合は母親が早く亡くなったから、10代からですけど。その時々によって、自分で問題を解決していかなきゃいけないわけだから。とりあえずその不安を払拭するには、自分のためでもいいし、店のためでもいいから、人の2倍でも3倍でも働く。そうすると、いろんなことが見えて、分かってくる。

片岡 技術も早く覚えられる。それくらいの根性がないと、トップには立てないし、成功もできない。サラリーマン的にやりたいんだったら、ホテルに行くとかファミレスに行くとか、そういう組織に行くべき。その道筋は絶対に間違えないほうがいいと思う。

宇田川 早めに自分の性格や考えを見極めることが必要だと。サラリーマン的な気質だとか、自立心旺盛だとか、人によってキャラクターは全然違う。大手ホテルだって、宴会部門に配属されるのか、レストランに配属されるのかは、人事部が当人のキャラクターを考えて決めるらしい。

片岡　そういうことですね。今の教育は、自分がどういう仕事に適しているのか、自分を見つめるための教育をしていないんです。結局は受験のための教育。僕らの仕事って、学歴とかまったく関係ないの。ちゃんと目的意識を持っている人は、どんなことがあったって這い上がってくるしね。だから目的を持つっていうことが何より大切ですよ。

石鍋　最初の目的通りにいかなくても、若い時は力が余ってるんだから、とにかく上の人がダメだって言っても他の人の倍ぐらい働いていれば、必ずいろんなものが見えてきます。

宇田川　小室さんはそのことに関してはどう思います？

小室　まったくその通りだと思います。焦ると言っても、なかなか結果が付いてこないから焦るわけであって、もともとやらない奴は焦らない。ボーッとしてるだけだから焦ることもできない。長い時間やっていると、「頑張ればできるんだ」と自然とモチベーションが付いてきます。だけど頑張る能力がない奴はダメです。

片岡　そういう人は、僕らみたいな個人店には向かないわけですよ。でもそこで頑張れなくても、他の能力を持っている子もいるから、その子はそういう能力を発揮できるとこに行かなきゃダメなの。

小室　猫の手よりもちょっとマシなだけでも間に合う職場もあることだし。

宇田川　ところで話は替わるんですけど、個人店で男性集団を束ねて率いていく力には、どういう資質が必要だと思いますか。

片岡　いや、束ねて率いるんじゃなくて、自分が行動で見せないとダメ。「このシェフに付いて行こう」と思わせないと、人は付いて来ない。

石鍋　そうすると、必然的に2倍から3倍働くことになる（笑）。自分の背中を見せないといけないよね。

宇田川　小室さんはどうですか。

小室　そうだと思います。今の若い子は、すごく元気だなっていうのが少ないような気がする。うちで一番元気なのは私ですから（笑）。

石鍋　人が大勢いると、それぞれに、なぜやらなきゃいけないかっていうモチベーションと目標が違う。だから、力で叩き込まなきゃいけない時とか、知識で叩かなきゃいけない時とか、いろいろあると思うんです。魚で言えば、なぜこの魚を下ろさなきゃいけないんだっていうところから始めて、その魚の生態とかも教えていく。そういう風にだんだん魚全体に興味を持たせる。そのために撒き餌をバラ撒いていかなきゃいけない。

宇田川　片岡さんはどう思いますか。

片岡　昔は力で教えて覚えさせたんだけど、実は仕事がある程度できてくれれば、能力は自然と身に付いてくる。仕事ができなきゃ辞めていくわけだから、それは厳しいもんですよ。その店のオーナーやシェフの姿を見ながら、みんな修業していくわけですよ。「ここで働いても何にも得るものないな」と思ったとしたら、辞めていくだけです。だけど辞め方はきちんとしていないとダメですよ。例えば嘘をついて辞める人間もいる。「親が病気になりました」っていう常套手段を使ってね。

一同　（笑）

片岡　それから、何も言わないである日突然来なくなる子もいる。辞め方も、辞める理由もいろいろあるのよ。仕事に付いていけなくて辞める子、ここにいても全然勉強にならないって言う子、次のステップを踏むために辞める子、いろいろあるけれど、僕は辞めるとか続けるとかは、どっちでも構わないと思ってるんです。ただ、辞める時は「飛ぶ鳥跡を濁さず」で、きれいに辞めなさいと。そうすれば次のステップを踏みやすい。うちで吸収したものを次の店に持って行けばいいんです。イタリアへ行って、自分の店を持ってもいいだろうし、うちにまた戻って来てもいいじゃないって言うと、彼らは安心するわけですよ。

宇田川　だけどチームワークとはいえ、顔も個性も考え方も違う集団を統率していくんだから、そういう力も要求されるでしょう？

片岡　それには自分が苦労しなきゃダメってことです。僕はみんなの意見を聞かないよ。

一同　（笑）

片岡　みんなの意見なんて聞いていたら何もできない。自分が作ってきた組織がＯＫかどうかっていうのは考えますよ。料理に関しては、旨くないのを作ったらビシッと言うよ。僕だっていつも店にいて１００％チェックできるわけじゃないから、そういう場合は他の者がチェックする。そういうシステムをきちんと作ることが大事なんです。

小室　そうですね。

宇田川　片岡さんは座右の銘って何かある？

片岡　座右の銘……。「食べて、歌って、愛して」。

宇田川　あ、イタリアね。何か無理してない？

片岡　無理してる。

一同　（笑）

片岡　でも座右の銘ってないよねぇ。……最近言ってるのは、「健康と継続」。続けないと何にも生まれないから、まさに「継続は力なり」ですよ。全然使えない、猫の手にもならなかった子も、10年やっていると人間の手になるのよ。それで、眠っていた才能がちょっと芽吹く。木もそうでしょ？　さまざまな木があって、すぐ育っちゃうのもあるけど、ゆっくりゆっくり育つのもあるわけだから。人間も同じだよ。

小室　10年続けられる力って大きいですよね。水が合わなかったら10年もやってないですもん。

石鍋　でも、長くいるだけでもダメだと思う（笑）。長く働いてくれるのはありがたいんだけど、こいつ1人でやったらどうなるんだろうっていう不安（笑）。

宇田川　石鍋さんの座右の銘は？

石鍋　僕は基本的に、「願えば叶う」。自分が目的をきちんと持って、願うこと。その上で、それに向かって動いていかないと何にもできない。

小室　ボクサーのジョージ・フォアマンが、アリと対戦してボクサーを辞めたあと、牧師になって孤児たちを食べさせて、また奮起してボクサーになるわけです。それで復帰戦で勝ってチャンピオンになった時の言葉が、願っていれば叶うって。私も自分の店を持つ前からその言葉がすごく気に入っていて。そう思えば当然、誰しも努力しますよね。

片岡　そうですね。その願いが叶う人と叶わない人がいるけれども、心に思わないと何事も叶わない。

小室　ええ。思って実行して……。

片岡　それで継続ですよ。

註

*1 パート・ブリック（P.250）
小麦粉で作られたクレープ状の薄い皮。

*2 ミシュランガイドの日本上陸（P.255）
07年に欧米以外では初となる東京版を刊行。

*3 アラン・デュカス（1956〜）（P.268）
モナコ国籍のシェフ。28歳の時に飛行機事故にあい、その事故唯一の生存者として九死に一生を得る。33歳の時、史上最年少で三ツ星を獲得。パリの「アラン・デュカス」やモナコの「ルイ・キャーンズ」の他、世界各国でレストランを展開している。

日本の世相・食にまつわるできごと

1883	（明治16）	「鹿鳴館」が開館
1890	（明治23）	「帝国ホテル」開業／「恵比寿ビール」発売
1894	（明治27）	日清戦争（～95）／東京で焼き鳥が流行
1900	（明治33）	「木村屋」がジャムパンを発売
1903	（明治36）	「日比谷松本楼」開店
1904	（明治37）	日露戦争（～05）／「中村屋」がクリームパンを発売
1910	（明治43）	韓国併合／「不二家」開店
1914	（大正3）	第一次世界大戦（～18）
1915	（大正4）	秋山徳蔵、宮内庁に入省
1918	（大正7）	シベリア出兵（～22）／森永製菓が初の国産ミルクチョコレートを発売
1923	（大正12）	関東大震災／築地市場開設
1925	（大正14）	北大路魯山人が、会員制料亭「星岡茶寮」を発足
1927	（昭和2）	横浜に「ホテルニューグランド」開業
1929	（昭和4）	世界大恐慌／寿屋（現サントリー）が初の国産ウィスキー発売
1930	（昭和5）	お子様ランチが三越に登場／東芝が初の国産電気冷蔵庫を発売／湯木貞一が「御鯛茶處吉兆」を開業
1939	（昭和14）	第二次世界大戦（～45）／政府による食糧管理が強化
1945	（昭和20）	戦後の食糧不足が深刻化
1948	（昭和23）	英国航空が日本への乗り入れを開始
1953	（昭和28）	青山にスーパーマーケット「紀ノ国屋」が開店
1954	（昭和29）	高度経済成長始まる（～73）／「辻留」が東京出店／雪印が「6Pチーズ」を発売／東京・六本木に初のピザ店「ニコラス」開店
1956	（昭和31）	銀座に「花の木」開店
1957	（昭和32）	東京芝公園に「クレッセント」開店

フランス・イタリア・世界の世相・食にまつわるできごと

1893	「マキシム・ド・パリ」開店
1900	パリ万博開催／「ギード・ミシュラン」創刊（当初はドライバー向けのガイドブックとして無料配布）
1903	オーギュスト・エスコフィエが「ル・ギード・キュリネール（料理解説書）」を出版
1905	フランスで国教分離が法制化
1906	パリの菓子職人オーギュスト・コロンビエがクロワッサンを販売
1910	クロックムッシュがパリのカフェのメニューに
1914	サラエボ事件／第一次世界大戦（～18）
1919	フランスで原産地の保護が法制化（AOCの前身）
1920	国際連盟発足／オーギュスト・エスコフィエがシェフとして初めてレジオン・ドヌール勲章を受章
1922	フリッジデール社が世界初の冷却装置一体型冷蔵庫を発売
1924	第1回MOFコンクール開催
1929	世界大恐慌
1931	ミシュランガイドが星による格付けを開始
1933	フェルナン・ポワンの「ピラミッド・エ・ポワン」が三ツ星を獲得
1936	フランスで有給休暇法が制定され、ホテル・レストラン市場が活性化
1939	第二次世界大戦（～45）
1940	ナチスがパリを占領
1943	イタリアのベニート・ムッソリーニが失脚
1946	イタリアが共和制へ移行
1951	アレクサンドル・デュメーヌの「ラ・コート・ドール」が三ツ星を獲得
1954	フランス経済成長始まる（～73）
1958	ヨーロッパ経済共同体発足／イタリア経済成長始まる（～63）
1965	ベトナム戦争本格化（～75）／「ポール・ボキューズ」が三ツ星を獲得
1968	パリで五月革命が起こる

1961（昭和36）　「吉兆」銀座店開店
1964（昭和39）　東京オリンピック開催
1966（昭和41）　銀座に「マキシム・ド・パリ」が開店
1968（昭和43）　全共闘が激化／大塚食品が「ボンカレー」を発売
1970（昭和45）　大阪万博開催／象印が電子炊飯ジャーを発売し、大ヒット

★70年代前半からアメリカ発のファストフード店が日本上陸

1972（昭和47）　沖縄返還／国内の電機冷蔵庫普及率97%に
1978（昭和53）　新東京国際空港（成田空港）が開港
1980（昭和55）　外食産業14兆円規模に
1982（昭和57）　西麻布に「クイーン・アリス」開店
1983（昭和58）　西麻布に「アルポルト」開店／マンガ「美味しんぼ」連載開始
1984（昭和59）　パリの三ツ星店「トゥール・ダルジャン」がホテルニュー オータニ内に初の支店をオープン／「飽食の時代」が流行語に
1986（昭和61）　バブル景気始まる（～91）
1988（昭和63）　「Hanako」創刊／ボジョレー・ヌーヴォーが流行
1990（平成2）　「dancyu」創刊
1993（平成5）　東京サミット開催／「料理の鉄人」放送開始（～99）
1995（平成7）　阪神淡路大震災／田崎真也が世界ソムリエコンクールで優勝
1996（平成8）　「ぐるなび」開設
1998（平成10）　「ピエール・エルメ」が日本1号店をオープン
2005（平成17）　「食べログ」開設
2007（平成19）　「ミシュランガイド東京」発売
2011（平成23）　東日本大震災
2013（平成25）　和食がユネスコの無形文化遺産に登録

★70年前後からヌーヴェル・キュイジーヌが一大潮流に

1973　クロード・ペローの「ル・ヴィヴァロワ」が三ツ星を獲得
1975　ポール・ボキューズがレジオン・ドヌール勲章受章
1979　中村勝宏が「ル・ブールドネ」で日本人初の星を獲得
1981　フランソワ・ミッテランがフランス大統領就任
1984　ジョエル・ロブションの「ジャマン」が三ツ星を獲得
1985　イタリアの「リストランテ マルケージ」がイタリア初の三ツ星を獲得
1990　フランスで日本のマンガの輸入が本格化
1993　イタリアの「エノテカ・ピンキオーリ」が三ツ星を獲得
1995　ジャック・シラクがフランス大統領就任
1997　「エル・ブジ」が三ツ星を獲得
1998　サッカーW杯・フランス大会開催／「ピエール・ガニェール」が三ツ星に返り咲く
1999　単一通貨ユーロ誕生
2001　アメリカ同時多発テロ発生／ヨーロッパでBSE問題発生
2002　単一通過ユーロ流通開始
2003　イラク戦争（～10）／ヨーロッパで記録的な猛暑
2007　ニコラ・サルコジがフランス大統領就任
2010　フランス料理がユネスコ無形文化遺産に登録／アラブ諸国で革命が起こる（「アラブの春」）
2011　「エル・ブジ」閉店
2012　ヨーロッパ債務危機が拡大／フランソワ・オランドがフランス大統領就任

年表作成：編集部
参考文献：「料理王国」2007年7月号、『ファッションフード、あります～はやりの食べ物クロニクル1970-2010』（紀伊國屋書店）、『プロのためのフランス料理の歴史』（学習研究社）

あとがき

パリで長く暮らしていた私は、求められるままにフランス料理について多くを書いてきた。ところが、取材を重ねて執筆が終わるたびに、なぜかいつも消化不良を起こしていたような気がする。

フランス料理の素晴らしさは文句なく人類の遺産であり、料理人の声は随所で鳴り響いている。ではお隣のイタリア料理はどうなのか。そしてフランスから帰国して、自然の成り行きのように親しむようになった日本料理はどうなのか。昔からフランス料理に肩入れしてきた私には、片肺飛行のような気分が続いていたのである。

料理は、最終的に料理人の人間性と生き方が問われる。料理人によって技術と経験はさまざまに異なるけれど、不思議なもので料理には作る人間の内面が表れる。行き着く先はどんな人間が作ったかである。まさに料理は人なり。

戦後生まれの私は、そろそろ人生の最終コーナーを迎えたという自覚がある。そこで、積年の消化不良に決着をつけるべく、日仏伊3人のオーナーシェフと彼らの人生と仕事についてとことん語り合おうと考えた。

まず人選にあたり、フランス料理は石鍋裕さん、イタリア料理は片岡護さんにすんなり決まった。今から40数年前、2人はフランスとイタリアに渡り、レストランで修業した。そして日本に戻り、フランス料理とイタリア料理を牽引する料理人となった。彼らの功績は誰もが認めるだろう。共に適任者である。

石鍋さんとはフランス料理がらみで長い付き合いがあり、過去に何度も対談している。私より1歳下だが、誕生日が同じという縁が付いて回り、気心が知れている。

一方、片岡さんはイタリア料理のシェフなので、あまり接点はなかった。だが、私がまだパリに住んでいた90年代半ば、片岡さんが石鍋さんと連れだってパリのアパートを訪れたことがある。その夜に起こった出来事はいまも忘れられない。というのは、シャルル・ド・ゴール空港からタクシーで来宅したのだが、石鍋さんが車内に財布の入ったバッグを置き忘れたからだ。

さあ、一大事。大都市パリで財布を紛失したら、まず出てこないと思ったほうがいい。それでも私たちは一縷の望みにかけて手分けして事にあたった。地元の警察署に出向いて紛失届を提出したり、歩道に落ちていないかアパート付近を歩いてみたり、ついには運転手の善意を信じたり。身勝手な願望だが、車内の忘れものに気づいた運転手が、バッグの中身を点検して宿泊先のホテルに届けてくれるといった夢のような善意を。まあ、よもやそんなことはあり得ないだろうと思いながら、時間だけがむなしく過ぎていった。

ほどなくしてダメもとだと思いながらホテルに電話をした。すると受話器を取り上げたコンシェルジュは機嫌よくこう言ったのだった。

「届いてますよ！」

財布もパスポートも無事だという。電話のこちら側では誰もが半信半疑でいたが、99％の不可能をひっくり返すような奇跡が起こったのだ。私たちがシャンパンで乾杯したのは言うまでもない。

私が感心したのは、事の発端から片岡さんが終始穏やかに微笑みながら事態の推移を見守っていたことだ。世間で言われる「人柄の片岡」とは、この笑顔なんだなと納得した。そんな思いがずっと尾を引いていて、それが今回の対談につながった。

最後の1人、日本料理の人選は迷った。石鍋さんと片岡さんに近い世代の料理人がベストだったが、正直に言えば、どなたも「帯に短し襷に長し」の感が否めなかった。そこで、悩んだ末に40代の小室光博さんにお願いした。私としては年下の彼に出てもらうことで一種の「異化作用」を期待したのである。

小室さんの店は私が住む神楽坂にあり、何度も食べている。彼には春風駘蕩の気配があり、しかも前世は落語家じゃないのかと思うくらい喋りがうまい。その実力は折り紙つきだし、エッジの効いた個性といい、将来が楽しみな料理人だ。

さて、私がここであれこれ述べるより、ともかく本書を手に取って欲しい。同世代の石鍋さんと片岡さんの両人は私と同様、人生の第4コーナーを回ったという自覚があるだろうから、

「遺言」を残すという気持ちで、また小室さんには「野心と希望」を語ってもらおうというのが、私の意図である。その目的が達せられたかどうか読者諸賢の判断を仰ぎたい。

料理人が仕事と人生というテーマで語った本は、意外にありそうでない。書店には、相変わらずレストランやレシピの紹介、ダイエットや食べ歩きの本が氾濫している。そんな風潮の中で、歴戦の兵三者によって語られた「本音」がどのように届くか楽しみである。そして、若い料理人にはいささかなりとも道しるべとなることを願いながら。さらに欲を言えば、生きづらい世の中で生き方を模索している人々へのアドバイスにもなればと。

本書のスタートは約1年前。インタビューを積み重ね、最後に全員集合の座談会を開いた。みなさん多忙にもかかわらず、長い時間を割いてくださった。改めて感謝したい。おかげで私の消化不良も多少なり解消したことを報告しておきたい。

最後になったが、対談と座談会のすべてに同席し、骨身を惜しまず奔走してくれた晶文社編集部の浅間麦さんの配慮と謙虚にお礼を申し上げたい。

2014年3月17日　東京にて

宇田川悟

この本は、２０１３年3〜6月に行ったインタビュー取材を元に構成しました。

著者について

宇田川 悟（うだがわ・さとる）

一九四七年東京都生まれ。早稲田大学政治経済学部卒。作家。フランスの社会・文化・食文化に詳しい。フランス政府農事功労章シュヴァリエを受章、ブルゴーニュワインの騎士団、シャンパーニュ騎士団、コマンドリー・ド・ボルドー、フランスチーズ鑑評騎士の会などに叙任。主な著書は、『食はフランスに在り』（小学館ライブラリー）、『パリの調理場は戦場だった』（朝日新聞社）、『ニッポン食いしんぼ列伝』（小学館）、『ヨーロッパワインの旅』（ちくま文庫）、『フランス　美味の職人たち』（新潮社）、『欧州メディアの興亡』（リベルタ出版）、『フランスはやっぱりおいしい』（ＴＢＳブリタニカ）、『図説フランスワイン紀行』『図説ヨーロッパ不思議博物館』『書斎の達人』『フランス料理二大巨匠物語―小野正吉と村上信夫』『書斎探訪』（以上、河出書房新社）、『フランスワイン、とっておきの最新事情』（講談社＋α文庫）、『フランス料理は進化する』（文春新書）、『吉本隆明「食」を語る』（朝日文庫）、『ＶＡＮストーリーズ―石津謙介とアイビーの時代』（集英社新書）、『超シャンパン入門』『東京フレンチ興亡史』（共に角川ｏｎｅテーマ21）、『フレンチの達人たち』（幻冬舎文庫）、『最後の晩餐』（晶文社）、『ホテルオークラ総料理長 小野正吉』（柴田書店）など多数。

料理《りょうり》人《にん》の突破《とっぱ》力《りょく》

石鍋裕・片岡護・小室光博が語る仕事と生きかた

二〇一四年四月二五日 初版

著者　宇田川悟

発行者　株式会社晶文社

東京都千代田区神田神保町一―一一

電話（〇三）三五一八―四九四〇（代表）・四九四二（編集）

URL http://www.shobunsha.co.jp

印刷　株式会社ダイトー

製本　株式会社宮田製本所

ISBN978-4-7949-6849-4　Printed in Japan